U0073160

暢銷100餘年，「人生哲學之父」詹姆斯·艾倫滿譽全球之作

格局的力量

AS
A
MAN
THINKETH

This little volume (the result of meditation and experience) is not intended as an exhaustive treatise on the uch-written upon subject of the power of thought. It is suggestive rather than explanatory, its object being to stimulate men and women to the discovery and perception of the truth that.

from The Author, James Allen

JAMES ALLEN
詹姆斯·艾倫 于華／譯

楓書坊

CHAPTER1

思想造就格局

一個人的思想
決定一個人的格局

CHAPTER2

格局決定成敗

每一次挫折
都是進步的良機

CHAPTER3

格局提升境界

冥想是通向
精神自由的必經之路

前言

美國最偉大的成功學大師之——拿破崙·希爾認為：「世界上的任何一個人一樣，你究竟是誰，只取決於兩方面的因素——遺傳與環境。」

每個人的生理特質很大程度上取決於家族和父母的遺傳，這些特質基本上是很難改變的。但是，人們身上那些受周遭環境的影響而形成的特質，則可以通過自我意識的改造而有所變化。

也許每個人都有這樣的經歷：自己身邊的有些人看似不費吹灰之力，就能獲得權力、財富和成功；而有些人卻要經歷重重困難，才能取得一點成就。有些人認為抱負、渴望和夢想與自己遙不可及；而有些人總是能充滿鬥志，朝著自己的目標前進。為什麼？因為思想和心智是創造力的源泉，是決定一個人成功與否的關鍵。

在每個人的人格形成過程中，家庭教育、學校教育和自身教育發揮著重要而且無可替代的作用。前兩者毋庸多言，讀者自可領會。而自身教育，主要包括個人所閱讀的書籍。人的思想彷彿一片肥沃的土壤，播下什麼樣的種子，會收穫什麼樣的果實。而書籍，無疑就是種子，是心智發展的必要條件。

《格局的力量》是英國「人生哲學之父」詹姆斯·艾倫的成名作，百年來為無數的人照亮了前路，改變了他們的命運。他本身就是一個傳奇，出生於英格蘭富商家庭的他，由於家道中途敗落，不得不在 15 歲時輟學回家。38 歲時，他毅然辭去了工作，和妻子一起搬到英格蘭西南沿海的小農莊。48 歲時，詹姆士·艾倫突然神祕地離開了人世，成為文學史上的一個不解之謎。直至死後，其天賦和才智才被人發掘。詹姆斯·艾倫的

作品奠定了整個西方成功學的基礎，極大地影響了包括戴爾·卡內基和拿破崙·希爾等在內的成功學大師。

我們生活在一個千變萬化的時代，每個人都渴望成功，周遭也遍布機遇，但又有多少人願意通過奮鬥將機遇轉化為真實的成功呢？恐怕很多人想的都是坐享其成、一夜成名。浮躁和急功近利是很多現代人的通病，希望詹姆斯·艾倫這本睿智的小書能幫助你釐清思路，朝著既定目標前進。

思想造就格局

一個人的思想決定一個人的格局

思想
造就人格

001

「心之所想，造就其人。」這句格言清楚地
說明了思想在人的生活中所起的關鍵作用。
想做什麼樣的人，完全由自己的思想決定，
而性格就是人所有思想的集合。

002

如同植物的生長離不開種子一樣，人類的一切行為皆源於自己內心深處的思想，沒有這些思想，就不可能出現各種行為。而對於那些「下意識產生」或「未經深思熟慮」的行為，一定要謹慎對待。

003

人類的行為是思想的花朵，而快樂或悲傷則是行為的果實，就如同「種瓜得瓜，種豆得豆」這句諺語所說，播種什麼樣的思想，就會獲得什麼樣的結果。

004

人的成功或失敗，皆由自己而定。思想如同
工具，一個人如果利用工具來製造武器，既
傷害別人又傷害自己；一個人如果利用工具
來創造發明，既造福社會又便利自己。只有
樹立正確的思想，並讓其發揮作用，人才能
一步步地創造出一個理想、美好，又和諧的
世界。

思想
鋒利如武器

005

一切事物的成長發展都有規律可循，人也不例外。高尚的情操和品德不是上天的恩惠或是某一個人獨有的天分，而是在正確思想的指導下，通過努力不懈而形成的。同樣的道理，卑鄙野蠻的思想長期累積，就會形成卑鄙和低賤的品格。

006

除了「錯誤」和「正確」的思想之外,在這兩種極端之間還存在著許多不同層級的品格,它們也都是由人自己選擇和決定的。

007

在這個時代裡,人們正致力於探索心靈的奧祕。人是思想的主人,是性格的塑造者,是條件、環境和命運的創造者——這一點比起任何其他的真理,都來得更讓人喜悅和自信。人可以通過努力得到權力、智慧和愛。無論在怎樣的情況下,人都是自己思想的主人,可以控制並轉化任何不良情緒和不利因素,進而塑造自己的思想和意志。

做思想的主人，而非奴隸

008

即使在最虛弱、最散漫的狀態下，人也可以用正確的思想主導自己。但如果一個人不注重思考，就可能陷入不明智而且愚蠢的思想之中，甚至無法自拔。不過，人一旦開始仔細思考，並堅持不懈地尋找事物的本質規律，正確地看待自己，就會從墮落中走出來，明智地處理任何問題，進而依智慧行事，收穫人生中的累累碩果。想要讓自己永遠意識清醒，做最真實的自己，人就必須認識自己內在的思想規律。這個過程，就是一個人不斷自我剖析和體驗生活的漫漫長路。

人是自身性命運的建設者

009

想要得到黃金和鑽石，人們必須進行多方位的尋找和開採。同理，只有深入挖掘心靈的寶庫，才能提煉出存在於世間的深刻真理。人是自身性格的締造者、生活的鑄造者和命運的建設者。

不懈地觀察、塑造自己的思想

010

如果一個人願意觀察自己的行為舉止，願意控制自己並不斷調整自己的思想，再通過實踐和調查，從與人交往中獲得經驗並不斷努力調整自己的思想，那最終就能獲得智慧、力量和他人的理解。「努力尋找真理，必定能打開真理之門。」只要有毅力、恆心，並不懈地奮進，人就能登上真理的殿堂。

011

一個人遲早會明白自己是心靈花園的園丁，是自己人生的導演。當然，在這個過程中，他能看到自己思想的缺陷，也能夠逐漸清楚地認識到思想的力量對於人的品格、生存環境和命運的作用。

愚昧的人
抱怨環境,
聰明的人
提升自己

012

人的思想好比花園，需要悉心培育，不經打理的花園會如同野地一般雜亂不堪。不論你種下的種子是有益的還是有害的，一旦種下，它們都會生根發芽。未曾為自己思想的花園播下種子，會發生什麼情況呢？結果是顯而易見的——野草將會悄無聲息地佔滿整個花園。

園丁們總會管好自己的小花園，除了除草，還會種植些花卉和水果等自己想要的東西，等到時機成熟，才能看到鮮花怒放和碩果累累。我們可以像園丁一樣來管理自己思想的花園，去除所有錯誤、無用或不純正的思想，種下正確、有用以及純正的思想。

013

思想與品格互為一體。人的品格只有在環境
中才能得以體現，而一個人生活的外部條件
總會和他的內在狀態密切相關。這並不是說
在某種特定環境下表現出的，就是一個人的
全部品格，而是這種特定環境和人本身的一
些重要思想有密切聯繫，這也是人向前發展
所不可或缺的。

014

每個人都有自己的特質。在生活中逐步形成的品格決定了一個人的生活。在生命的整個歷程中，其實並不存在偶然的機會，因為凡事遵循因果。所謂「偶然的機會」也是由一個人內在的特質引發出來的。在面對糟糕的環境時，如果一個人總是抱怨，那麼他的處境就會越來越差，總也遇不到改變的機會；相反，如果一個人懂得機會是自己創造的道理，他便懂得迎難而上、創造條件，最終發現機遇。

偶然
並不存在

環境是思想的產物

015

一個不斷追求進步的人，如果明確了解自己的目標，就會沿此方向發展並快速達到。當人在一種特定環境下歷練到相對成熟的時候，接下來會去適應另外的環境，進而再次得到精神的洗禮，如此循環後，人便走向成熟。

016

人的成長毫無疑問會受到外界環境的影響，但人是有創造力的生物，一旦認識到這一點，人就能夠不受外界環境的干擾，掌握自己的命運，成為自己真正的主人。

017

環境是思想的產物，它時時刻刻都讓人學會自制並且不斷淨化心靈。人越成長，越能發現生存環境的變化和自己思想的成長互相吻合。事實上，如果一個人能夠悉心糾正性格中的缺陷並不斷進步，就能在歲月的滄桑變遷中永遠立於不敗之地。

018

心靈的神奇之處在於其吸引力法則，你的心
停駐在什麼地方，就會吸引什麼樣的人、事、
物。如果你心中有愛，你就會遇見你的愛人；
如果你心懷擔憂，擔憂的事就會層出不窮。
不論是滿懷激情的憧憬還是祕而不宣的渴
望，但凡心有所想，必能吸引相應的人、事、
物。因此，外界環境只不過是心理狀態的外
顯而已，你的心靈決定了你的處境。

019

外部環境也會慢慢影響一個人的內心世界，
無論好壞的外部環境是個體成長的條件。
在這樣的相互影響中，人便走出了命運的
足跡。

你的心靈，決定了你的處境

020

內心的期盼、願望和思想支配著人們的行動（有可能是追求不切實際的幻覺，也有可能是詳細規畫的理想），最終，人們會在人生境遇中獲得因精神思想的結果，隨著思想的調整，人們的命運也會改變。

021

環境創造不了人，它只是給人展示自己、證明自己的平台。沒有哪個環境本身就包含著邪惡和痛苦；也沒有哪個環境本身就能培養高尚的情操，讓人感到幸福。痛苦還是幸福，完全依賴於人長期對於自己思想德行的培養。人是自己思想的主人，我們可以塑造自己，創造環境。即使我們沾染了不良的習氣，仍然可以通過後天的努力改變，去除弱點和缺點，從而得到救贖和昇華。

思想重整，命運會跟著改變

022

假設一個人要靠接受救濟度日或鋃鐺入獄，這並非命運的安排或生存環境影響的結果。一個思想高尚純潔的人，不會因為任何突如其來的外部壓力而去犯罪；而一個犯罪的人，必定是犯罪的思想醞釀已久，才在特定情況下爆發出來。

023

在成長過程中，人要經歷各種事情，不可能
是一帆風順的。困難和挫折在所難免，各種
思想也會對我們造成衝擊。無論如何，人都
可以約束自己，掌控自己。

024

如果卑鄙無恥、作惡多端，人就必定成為
獄卒。思想純潔、高尚，處處為社會做貢
獻，人就一定能受到世人讚賞，成為高尚
的人。

捍衛
內在動機

025

最終一個人得到的，不是他通過希望和祈禱得來的，而是他通過努力獲得的。他的希望和祈求只有在思想和行動完全協調時，才能幫他加速實現夢寐以求的目標。

026

有的人可能會存在疑問，既然思想是影響環境的重要因素，「和環境抗爭」又怎樣解釋呢？其實，它是指一個人堅持不懈地與既有環境結果鬥爭，從而滋養和保護自己心中動機的過程。

不管動機是意識層面中的「惡」還是某種尚未意識到的「不良」，都會是人成長過程中的障礙，都須要被及時地補救修正。

027

總是急於改善環境，而不願意提升自己，因此發展才會受限制。如果一個人不能隨時進行自我調整，就永遠無法實現任何目標。即使一個人的目標只是擁有健康，那也需要適時調整自己，適當犧牲自己的某些偏好。

與其
抵抗環境，
不如
提升自己

028

有一個窮困潦倒的人非常渴望能改善周圍環境和生活條件，但他總是投機取巧，盡量逃避工作，因為他想當然地認為自己的努力與微不足道的工資相比已經綽綽有餘。但他根本不懂得這個基本的生存法則：只有不屈從於任何讓自己窮困潦倒的環境，才能努力掙脫並崛起，而不是在這樣的環境裡越陷越深，最後不能自拔，而成為一個懶惰、自欺欺人，又怯懦的人。

有個富人，因為喜歡暴飲暴食，最終百病纏身。他願意出一大筆錢改善身體，換來健康。但他就是改不了貪吃的習慣，既想暴飲暴食，又想擁有健康。這樣的人完全不配擁有健康，因為他還沒有明白，他的想法和行為完全是背道而馳的。

還有一個老闆，通過用欺詐的方式避免支付工人應得的工資，而且時常希望通過降低工人的工資來獲取更大利潤，這樣的人也不配擁有財富。當他破產時，他將會發現自己名利皆空。面對這樣的結果，他會開始抱怨時運不濟，殊不知自己才是這一切的始作俑者。我列舉以上三個人的例子只是想說明這樣一個事實：任何一個結果，儘管幾乎是無意識的，都是人自己造成的。即便你有一個非常好的願望，如果你的思想是低劣的，或行為是具有破壞性的，願望也不可能達成，因為這些思想和行為不可能與這美好的願望協調一致。人們如果以此為戒，不斷培養與自己的目標相一致的思想和行為，那麼外界環境就不會成為失敗的藉口了。

外界環境
不是失敗
的藉口,
怠惰的思想
才是

029

判斷一個人內心深處的整體狀況，不可能僅靠外部環境。有些人誠實守信，但可能遭受窮困；有些人虛偽狡詐，但卻能夠獲得財富。所以，人們很容易粗淺地得到這樣的結論：不誠實的人善於坑蒙拐騙，所以能夠擁有財富；而誠實的人往往品德高尚純潔，所以窮困潦倒。

但當我們更深層次、更廣義地來理解這個問題，卻能夠發現不同的結論：不誠實的人也許有某些別人不具備的可貴品質，而誠實的人也可能有某些別人沒有的邪惡思想。誠實的人因為誠實的思想和行為收穫好的結果，也會因為自己的某些邪惡思想而遭受痛苦；而不誠實的人也以同樣的方式享受著屬於自己的幸福，或遭受著自己帶來的痛苦。

030

擁有了這些知識，人就會知道，過去的生活總是公正、井然有序的。過去的經驗，不論是好是壞，都是一個人尚未達到完美境界的自我，在發展過程中面對的客觀外部環境之覺悟。

好的思想和行為絕對不會產生惡果，而壞的思想和行為也絕對不會產生好的結果，正所謂「種瓜得瓜，種豆得豆」。人們都了解自然世界的規律，並時刻遵照它。然而卻很少有人能夠理解它在精神和道德意義上的含義，所以也就無法真正遵從這個自然規律。

好的思想
和行為
絕不會產生
惡果

幸福是
正確思想的
結晶

031

一個人會遭遇痛苦，是自己的精神跟世間規律不和諧的結果；而一個人會獲得幸福，也是自己的精神跟世間萬物保持和諧的結果。幸福不是依靠物質或財富才獲得，而是正確思想的結晶；痛苦也不是因為缺乏物質財富才產生，而是錯誤思想累積的結果。

032

一個很富有的人，可能只會怨天尤人；而一個貧窮的人，卻可能幸福無比。只有適當並智慧地運用財富，財富才能與幸福並肩存在。貧窮的人如果非要把自己所處的環境看作命運的不公，只會陷入真正可憐的境地。

033

困苦往往是某個特定時刻的錯誤思想所導致的結果。它反映出一個人已經和自己的本心脫離，也和其在自然中的生存法則相脫離。擺脫困境最好的方法是摒棄思想中沒用和不純的思想。思想純潔的人會遠離困苦，就好比黃金，再怎麼被火燒，也只能燒掉外表的汙垢和殘渣。而至純至善的人，他們的人生不可能會受到傷害。

034

窘困和放縱是兩個極端悲慘的境地。但它們也並非自然產物，而是思想紊亂的結果。當一個人擁有幸福、健康和成功時，他才真正找到了自己人生的平衡點，也才真正把自己的內心和外界環境調整到了和諧共存的狀態。

打理好思緒，就是打理好生活

035

一個人只有停止怨天尤人，開始尋找自己生命中內在的平和，在不同環境中適時調節自己的思想，不再認為自己的現狀是別人造成的，並力求在高尚的思想中重新樹立自我形象，挖掘自身潛在的力量和各種可能，進而取得更快的進步和發展，才能成為一個堂堂正正、頂天立地的人。

不斷
調整自己，
就會發現
世界的
合理性

036

人必須不斷調整自己，才能發現世界上萬事萬物存在的合理性。在這個過程中，人們也會發現，因為自己對於別人的看法改變了，別人對自己的看法也隨之改變了。

這一點可以通過每個人的成長經歷得以證明，因此，通過自我分析和反省，人們便能輕鬆得到結論。

037

人們都會認為思想可以獨立存在，事實並非如此。在某種思想的指導下，一個人會迅速養成習慣，而習慣漸漸地就變成了生活的真正情境。有縱慾想法的人，可能會有酗酒和嫖娼的陋習，進而把自己弄得疾病纏身、窮困潦倒。各種不健康的思想，若隨之任之，最終都會形成某種不良習慣，而這正是人會處於某種困境的直接原因。

美好思想使人優秀，負面思考遭致失敗

038

一個人如果長期抱有恐懼、懷疑和優柔寡斷的思想，就很容易變得軟弱、怯懦，進而形成拖延、故步自封的習慣。長此以往，就會發現自己的生活變得失敗、貧窮甚至受人擺布。一個人如果長期抱有懶惰的思想，就很容易變得好吃懶做或不誠實，進而形成習慣，甚至可能會發展到只靠乞討度日；而心懷怨恨和經常譴責別人的人，則容易養成斤斤計較和行事暴力的習慣，進而可能會傷害或迫害他人……

與之相反，各種美好的思想都會讓人變得優雅、善良，擁有這些思想的人慢慢會成為讓別人感到親切、愉快的人。思想純潔的人，懂得節制和自制，這樣的習慣會讓人達到寧靜、平和的人生境界；思想勇敢堅定的人，會養成果斷的習慣，也必定會走向成功，生活得自由而幸福。

039

許多或高尚或卑劣的思想，都會對人的品質和人生境遇產生影響。一個人儘管無法選擇自己的出身環境，但可以選擇自己的思想。換言之，人可以通過改變思想來改變自己所處的環境。

040

當下的環境都能夠給人提供各種機會去展現自己高尚或低下的思想，任何目標與夢想都會有實現的可能性。

041

如果一個人能夠摒棄罪惡的思想，那麼全世界的人都會溫和地對待他，心甘情願地幫助他；如果一個人不再有軟弱和病態的思想，所有人都會不失時機地幫助他堅定地面對自己的生活。

042

只要轉變思想，命運中的任何艱難困苦都不會讓一個人淪落到悲慘的人生境地。世界就是自己手裡的萬花筒，時時刻刻呈現不同色彩、不同組合，隨著思想的不斷變化，最終展現出一幅幅精緻的畫面。

心態如何
狀態就如何

043

身體是思想的僕人。無論思想活動是隨意
還是刻意為之，身體都會跟從。在不安的
思想控制下，身體會陷入疾病和衰弱狀態；
而在愉悅、美好的思想支配下，身體則會
散發出青春美麗的光芒。

044

與環境對人的影響一樣，身體處於疾病還是健康狀態，也源於思想。病態的思想會通過體弱多病的身體得以呈現。有句話說，恐懼的思想要殺害一個人就像子彈一樣快。儘管現實沒有像這句話說得那麼誇張，但因為恐懼引發焦慮、暴躁、成癮、抑鬱甚至生理疾病的人已成千上萬。

因恐懼而身患疾病的人，必定和恐懼一起生活。焦慮在整個身體裡快速蔓延，為各種疾病入侵身體打開了大門。而其他不純潔的思想即使不會像恐懼一樣很快損害身心，也會造成或大或小的負面影響。

045

強大、純潔和快樂的思想，則會給人的身
體注入活力和優雅。身體跟心靈有著非常
微妙的聯繫，身體常常能響應思想或思維
習慣。所以，思想和思維習慣無論好壞，
都會對身體產生一定的影響。

046

不潔淨的思想只要在身體裡傳播一天，人的
身體裡就會繼承不潔淨的毒素。優雅的生活
和潔淨的身體，來源於潔淨的心靈；汙濁不堪
的生活和羸弱的身體，來源於不潔淨的思想。
思想是一個人的行為、生活和在外界形象的
內在根源。根源純淨，那一切都會純淨。

想擁有
完美的外貌，
一定要先
保養好自己
的頭腦

047

改變飲食習慣，並不能改變一個人的思想。
但當一個人的思想轉變，不願意再吃任何不
健康的食品時，自然就不再會有想吃不健康
食品的慾望了。

048

如果你想擁有完美的身體，那就一定先保護
好自己的頭腦；要想恢復身體健康，就要美
化自己的思想。惡意、嫉妒、失望甚至絕望
的思想，都會剝奪身體的健康和活力；而一
張愁眉不展的臉，會使你永遠碰不到發展的
機遇。

049

我認識一位 96 歲的老人，她的臉看起來天真而樂觀，像個小女孩一樣。而我認識的另一個遠不到中年的男士，總是苦著臉，使他看起來比自己的年齡要大得多。前者之所以如此，是因為她開朗、陽光的思想；而後者之所以如此，則是因為他的縱慾和憤世嫉俗。

050

如果不讓新鮮空氣和燦爛陽光自由地進入房間，就不會有一個清潔、健康的住所。同理，如果沒有快樂、善良和平靜的思想，一個人就不會擁有強壯的身體，也不會擁有陽光、愉快和平靜的氣場。

不讓新鮮
空氣
和燦爛陽光
進入房間,
就不會有
一個清潔
健康的住所

051

上了年紀的人臉上會產生由同情心、經驗和智慧所刻劃出來的皺紋，難道這些歲月的痕跡不能立馬就被分辨出來嗎？對於一生正直的人來說，平靜、安寧的晚年就像落日一樣柔美。

最近我拜訪了一位在彌留之際的哲學家，他看著比實際年齡要小很多，非常年輕。他一直處於寧靜、安詳的生活中，直到去世時也從容如往日。

樂觀與快樂勝過任何一個心理醫生，它能驅散心裡的悲痛和哀傷，進而讓人擁有健康的體魄。如果一個人處於焦慮、抑鬱的思想狀態中，他的生活就會被困在自己創造的牢籠裡。而如果一個人對任何事物都滿懷熱情，愉悅並耐心地去發現任何事物的優點，生活必定燦爛無比。

擁有平和的思想，和周圍的一切和諧相處，人就會擁有平和的生活。

沒有目標的人，注定一生碌碌無為

052

當思想能與目標聯繫在一起時，人才會變得智慧。但大多數人的思想總是漂泊在生活的海洋裡。然而，漫無目的是一種惡習，如果想要避免遭遇人生的困難和災難，就不能讓那漫無目的的思想繼續發展。

無目標之人，很容易被憂慮、恐懼、麻煩和自憐這些負面思想纏繞，進而成為軟弱的人。這就如同不自覺地為自己設下陷阱，你無法獲得成功，最終只能走向人生的失敗、不幸和迷茫。

053

人應該有一個切合實際的目標，然後著手去實現。這個目標也應該成為自己思想的焦點，這樣才會有一個精神支柱。當然，目標可能是世俗的或是高雅的，但畢竟它是暫時的，不會對人的品質有影響。之後就應該集中精力把思想放在應該實現的目標上，把實現目標作為現階段一切事物的重中之重，專心致志、竭盡全力去實現目標。

054

如果一直有目標，人就不會陷入幻想之中而一事無成。這是控制自己的思想和使其能夠集中的好方法。即使一個人一次又一次地失敗，無法實現既定目標，但他不斷磨煉自己的意志，也是成功的一種表現，而且這為他將來的成功打下了基礎。

只有克服軟弱才能通往成功

055

即使你沒有宏偉的目標，無論手上職責多麼微不足道，至少也應該把思想集中在自己應該履行的職責上。只有這樣，你才能讓思想集中，不斷積累決心和活力，從而變得無堅不摧、無所不能。

056

只要放棄漫無目的的陋習，放棄軟弱、並開始有目標的生活，讓思想鎖定目標，就能躋身強者行列。思想強大的人，會把不斷的失敗作為實現目標的途徑，讓一切外部環境為自己的目標服務。思想堅定而果斷，就能通過一次次的嘗試最終實現目標。

057

最卑微的個體如果知道自己的弱點，並且相信只要通過不斷的努力和實踐，就能克服任何困難，使自己會成為一個強有力的人。那麼通過持之以恆的刻苦努力，這樣的人也一定能獲得最後的成功。

正如身體虛弱的人可以通過努力不懈的鍛鍊變得強壯一樣，思想脆弱的人也可以通過樹立正確的思想，進而成為思想強大的人。

把精力集中在該履行的職責上

確定目標 絕不 左顧右盼

058

確定了目標之後，應該堅定思想，勾勒出一條通往成功的道路，絕不左顧右盼。懷疑和恐懼經常會出現在實現目標的道路上，並導致失敗。它們會分散人的思想精力，讓人走彎路。但只要有強大的思想、堅定的目標和充沛的精力，懷疑和恐懼就一定能被打敗，最後退出人的思想。

059

對一件事情的了解越多，決心就會越大。
而懷疑和恐懼便是從不了解中產生的，它
會阻撓思想和決心。

一個人戰勝了懷疑和恐懼，就戰勝了失敗。
思想和力量結合在一起，就能克服任何困
難。在適合的季節種下目標的種子，只要
沒有提前凋謝，便會在收穫的季節看到累
累碩果。

060

和目標聯繫在一起的思想，會成為極有創造力的力量。認識到了這一點，人們就可能變成更強大的思想者，而不是隨波逐流、放任自己。只有這樣，人們才能成為精神、意志和智慧的主宰者。

戰勝了
懷疑和恐懼，
就戰勝了
失敗

人生軌跡的改寫，從轉變思想開始

061

一個人能否實現自己的目標而獲得成功，完全取決於自己的思想。在這個井然有序的世界裡，哪裡缺失平衡，哪裡就將毀滅，任何人都會對世界產生影響。一個人的優勢和劣勢，思想或單純或複雜，都由自己決定。這些都是自己長久以來養成的，而非他人影響，所以也只有自己才能改變這些特質。痛苦、幸福皆由自己造就。人有所想，便有所獲；思想越深，影響越大。

062

人們通常會認為：奴隸之所以成為奴隸，是
因為有壓迫者存在，所以應該痛恨壓迫者。
但是，很少有人會這樣想：壓迫者之所以存
在，是因為很多人願意去當奴隸，所以才會
鄙視奴隸。

063

事實上，壓迫者和奴隸是兩個無知的合作
夥伴，儘管表面上互相折磨，其實都是在
折磨自己。如果有足夠的認識，就能看到
受壓迫者的軟弱和壓迫者濫用權力的規律。
能看到雙方遭受的痛苦，不單單譴責某一
方，才是博愛；接受壓迫者和被壓迫者的
存在都是合理的事實，才是真正的同情。

064

一個強大的人再怎麼想幫助一個弱者，也得這個弱者願意接受幫助才行。即使接受了別人的幫助，弱者也必須自強。必須通過自己的努力，把對強者的羨慕化為力量，這樣弱者才能徹底改變自己的狀況。

有人願意成為奴隸，才會有壓迫者存在

摒棄自私的思想，就能獲得真正的自由

065

如果一個人能夠摒棄自私的思想，客觀地看待事情，那就不存在壓迫者和被壓迫者，他就能獲得真正的自由。

066

唯有提升思想，一個人才能成長、變得強大進而成功。如果拒絕改變思想，等待他的只有卑微和不幸。

想要成功，哪怕再簡單不過的事情，都必須先提升自己的思想，超越奴性並改變放任自流的態度。即使不能夠一蹴而就，為了取得成功，也要盡最大可能去弱化這些根深蒂固的思想和習慣。

067

如果一昧放縱，那麼無論是誰，都不能保持頭腦清晰，有條不紊地實施計劃。而且，自己的潛質和資源如果永遠得不到開發，任何事業都不會成功。不能果斷控制自己的思想行為，就無法控制事態的發展，因為每個人都要對自己的失敗負責。不能控制自己思想行為的人，不可能獨立行事，其發展永遠會受到限制。

068

不摒棄思想中的放縱傾向，而任由其發展，
人就不會有進步，更不會有成就。只有摒棄
混亂的縱慾思想，集中思想和精力，下定決
心謀求發展，自立自強，才能有所成就。思
想提升得越高，一個人取得的成就越大，幸
福也會越持久。

069

誠實、大度、有美德的人，永遠受人歡迎，
受世界眷顧。不同時代的大師們已經用他們
的行動證明了這一點。但對於任何一個人來
說，要想證明這一點，必須堅持提升自己的
思想，摒棄性格中的貪婪、欺詐、惡毒，讓
自己的品德越來越高尚。

070

有著崇高理想和高尚思想的人，通過仔細研究一些純潔、無私的人的特質，便可以學習到睿智、高尚的品德，並通過效仿和精進站在權力和幸福的制高點，這時就如同太陽升到了天空最高的位置，月亮出現了滿月的狀態。

071

任何形式的成就，都是不懈的努力和崇高的思想的證明。自制和決心，加上純潔、正直和目標明確的思想，能幫助一個人到達人生的制高點。要是自私放縱、作風懶散、思想腐敗混亂，一個人就會後退，更不可能看到人生的制高點。

072

智慧的成果是思想對於知識的探究和對真善美追求的結果。這樣的成功有時會不自然地與虛榮和野心聯繫在一起，但事實並非如此。一時的虛榮和野心不會成就任何事情，智慧的成果是在具有純潔、高尚、無私思想的前提下，長期堅持努力的結果。

智慧的
成果來自
長期堅持
純潔、
高尚、無私

073

思想的提升會讓一個人收穫無與倫比的成功，即使這種成功只是在精神世界裡。如果一個人回到傲慢、自私、腐朽的思想中，他必定會遭遇人生低谷，面對痛苦不堪的境地。

通過持之以恆的正確思想取得成功時，人們必須時刻保持警惕，這種成功的果實才能持久。然而在現實中，許多人在成功面前會掉以輕心，躺在成功的溫床上睡大覺而止步不前，最終遭遇失敗。

時刻保持
警惕
成功才能
持久

074

無論是生意的成功、智慧的產生還是精神
領域的成功，都源自正確思想的指導，都
符合同樣的規律，都通過同樣的方法，唯
一的區別只是實現的目標不同而已。

犧牲得少，會有小成就；犧牲得多，能有大
成就。想要到達人生制高點的人，必須對自
己原有的思想行為做出深刻反省和提升。

目標明確的思想，能幫助你到達人生的制高點

夢想
有多大,
舞台
就有多大

075

夢想家是改變世界的勇者，世界會因為夢想
和理想而變得愈發美好。因此，儘管這世界
上有各種苦難、罪惡和骯髒，但它們都會被
獨一無二的夢想家的美好願景所改變。人類
不能忘掉這些夢想家，更不能讓理想褪色甚
至消失。

076

人有了崇高的理想、美好的憧憬，一定能夠實現人生目標。哥倫布懷揣著探索另外一個世界的夢想，最終發現了新大陸；哥白尼憧憬的世界是多樣性的，認為宇宙比已知的更廣闊，最終他揭示了宇宙的一些奧祕；佛陀想要走進無比純真、平和的精神世界，最終他做到了。

077

每個人都要珍視自己的夢想，珍重自己的理想。能激起心中波瀾的音樂、頭腦中出現的美麗畫面、純真思想的美好裝飾，這些都是令人珍惜的，因為它們都能產生天堂一樣的快樂氛圍。如果一個人能忠於思想中最美的東西，最終就一定能創造出這樣的世界。有期待，才有動力；立志，才會成功。

078

最大的成就起初很長一段時間內只是夢想。
參天大樹曾經只是種子，龍鷹曾經在蛋中等
待破殼而出；在人們心靈深處的崇高的夢
想，只要敢想敢做，總有可能實現。

079

你所處的環境也許讓你覺得格格不入，但
這並不能阻止你擁有理想，並為之而努力。
在這樣的環境中，你不能只在自己的內心
默念，也不能向命運低頭。

再大的成就，起初都只是夢想

080

有一個出身貧寒的青年，沒有接受過良好的
教育，常年工作在不衛生的廁間，「優雅」
這個詞怎麼都和他無法聯繫在一起。但他
常夢想美好的事物，憧憬理想的生活。慢慢
地，他開始不安，他要採取行動爭取更多的
自由和更好的發展機會。

後來，他開始利用業餘時間開發自己潛在的
力量和資源。他的思想很快得到轉變，車間
這樣的工作環境逐漸容納不下他的理想，於
是他離開了廁間。那廁間就像是一件舊衣服
一樣被他扔掉了。

多年後，這個青年成了一位優秀的企業家。他不僅實現了青年時代憧憬的生活，也實現了自己的理想。實際上，信念和理想擁有無與倫比的力量，能幫助人們擺脫生活的泥沼，超越世俗的種種不堪。

年輕的讀者們，你們也可以擁有夢想，然後努力去實現它。這個夢想或許是微小的，或許是崇高的。但無論怎樣，它都會成為你生活的重要目標，決定著你未來的境況。

成功的人
永遠
精益求精

081

實現夢想的過程也不總是一帆風順的，它需要有深沉的渴望和長久的堅持。如果一個人沒有認識到這一點，就會只看到事物的表面，總是將成功歸因為所謂的運氣、財富和機會。

看到一個智慧的人，人們可能會說：「瞧！人家多幸運！」；看到一個技術純熟的人，人們會說：「老天是多麼眷顧他啊！」；看到一個品德高尚、影響力甚廣的人，人們可能又會說：「人家多有運氣呀！」。但凡有這樣想法的人，其實根本沒能看到這些成功的人為了精益求精，為了自己的夢想和目標而付出的努力，也根本不了解他們犧牲了多少東西、有多麼頑強的信念、克服了多少障礙，才實現了自己的夢想。

決定結果
的是
努力程度，
而非機遇

082

有成就的人背後的心酸痛楚，在黑暗中摸索
掙扎，並不是所有人都能看到。我們只看到
了這些人最後的光環和由此帶來的快樂，還
把它們稱作「運氣」。

人類所經歷的一切事情，都遵循只要努力就
有回報的規律，決定結果的是努力的程度，
而不是機遇。

083

天資、力量、物質、智慧和精神財富——
這些都是靠努力才能得來的，它們都誕生於
目標和夢想之中。
請將美好的夢想、崇高的理想種在心中吧！
只要人生有夢想和理想，你就一定能成就非
凡的人生。

084

當一個人真正理解了人生的規律，那麼他就能變得平靜。因為他具備了正確的理解能力，能夠通過因果關係更加透徹地看清楚事物的因果關係。他不會再去無事自擾，不再擔憂痛苦，而是變得泰然自若、堅定不移。平和的心態是一種智慧，是一個人長期自我約束、修身養性而達到的一種人生境界。它的存在是成熟經驗的體現，是一種超越普通知識和思想行為的現象。

格局越大的人，內心越平靜

085

心態平和的人知道如何控制自己的言行舉止，如何調整自己以適應他人。反過來，他人也會尊敬心態平和之人的精神力量，使他們學習和尊敬。

086

如果一個人變得越來越平靜，就能獲得越來越大的成果。就算是一位普通的交易者，如果能培養一種更強的自我控制和鎮定的能力，他便能獲得更大的商業繁榮，因為人總是更加願意與行為公正的人做生意。

087

內心強大和平靜的人總是受到愛戴和尊敬。他們就如同乾旱的土地上依然挺拔的遮陰樹，或者暴風雨中能讓人們遮風擋雨的山洞。一個心態平和、性情和藹又思想安定的人，有誰會拒絕和他成為朋友呢？

088

比起對寧靜生活的嚮往和追求，單純的金錢追逐是多麼不值一提。這是一種生活在真理的海洋之下，身處驚濤駭浪之中，暴風雨無法觸及的一種永恆的平靜。

平靜的人
就是
驚濤駭浪中
可依靠者

會控制
思想的人，
才能在激流
和暴風雨中
保持平靜。

089

人的內心總會有動蕩不安的時候，然而無論
何時，身處何地，在生命的海洋裡，只要用
你的雙手緊緊抓住思想之舵，理想中的陽光
海岸都在等待著你的到來。

090

我們知道有許多人由於心煩氣躁而摧毀了他
們原本美好的生活，同時也破壞了他們的形
象，讓別人產生了厭惡感；還有很多人因為缺乏
自我控制和約束而步入了放縱的深淵。又有多
少人能夠真正做得到生活平衡、內心寧靜呢？
是的，人們因為無法控制的情緒而變得焦慮
不安。只有智慧的人，只有思想得到控制和
淨化的人，才能在思想的激流和暴風雨中保
持清醒和平靜。

每一次挫折都是進步的良機

任何人都曾感受心靈的刺痛

091

不安、痛苦和悲傷都是生活的陰影。世上任何人都會感受心靈的刺痛，任何眼睛也都流過難以言說的滾燙淚水。

沒有一個家庭不曾經歷過變故、疾病和死亡，不曾經歷過心靈的痛苦和煎熬。

在強大和看似堅不可摧的生活苦難裡，似乎所有的東西都會深陷其中，在那裡等待人們的只有痛苦、不幸和厄運。

在這些意外的事情面前，有人選擇放棄自己的目標，躲進可以暫時減輕痛苦的角落。所以，無數人盲目地選擇某種環境，並天真地希望在這裡幸福永遠都不會消失。

酒鬼靠感官的刺激來享受短暫的幸福；還有一些特別的拜金主義者，用奢侈品充斥生活，把自己置身於任何悲傷的事情之外，求得所謂的幸福；還有渴望名利的人，不惜採用各種手段來達到自己的目標，用自私的成功來獲取所謂的幸福；還有一些人，遵從宗教的各種說教，享受某種虛幻的幸福。

對於這些人來說，他們天真地認為通過各種方式得來的幸福會永遠存在，於是可以放鬆警惕，享受看似平和、安全的環境並陶醉其中。然而最終，某些疾病會不期而至；某些巨大的痛苦、誘惑或不幸會突然降臨。此時，自己虛構的幸福藍圖也會四分五裂。

因此，快樂上面往往懸著一把痛苦的達摩克利斯之劍，隨時會掉下來，刺穿人們那沒有保護防線的心靈。

幸福
永遠存在，
是虛幻的
認知

患得患失的恐懼，使你遠離真正的幸福。

092

童年時，每個人都想長大；長大成人後，又總為逝去的童年的幸福而嘆息。窮困潦倒時，人可能會心煩意亂；而有了財富之後，人們又常常生活在患得患失的恐懼之中，找不到真正幸福的影子。

達摩克利斯曾與國王狄奧尼修斯互換身分，一開始他非常享受權力帶來的快樂，但當他抬頭注意到王位上方用馬鬃懸著的利劍時，頓時興致全無。達摩克利斯之劍通常用來形容隱藏的危機。

有一些人開始信奉某種宗教，樹立藝術理想，似乎感覺找到了安全的庇護所。但一些無法抗拒的誘惑的例子中證明，宗教信仰並不是幸福的目的地。理論上的哲學在現實中像一個無用的道具，一旦遭到現實打擊，信徒們心中神聖的雕像可能會在頃刻間倒塌。

宗教信仰並非幸福之目的地

人類是否無法逃脫痛苦和悲傷呢？難道永久的幸福、持續的繁榮，和持久的和平只是人類愚蠢的夢想？

我很高興地告訴大家：事實並非如此，有一種方法可以戰勝邪惡與痛苦，可以戰勝疾病、貧困和任何不利環境，可以讓人類享有永久的幸福、繁榮和和平。

要想掌握這個方法，必須先正確理解衰敗的根源——邪惡。

否認或忽略邪惡的存在是不夠的，必須看到它的本質。向上天祈禱，幫助消除邪惡也是不夠的，我們必須清楚原因，接受必要的教訓。

邪惡是好學之人的老師

093

對於束縛我們的枷鎖，光是惱怒、發脾氣是無濟於事的，必須找到根源，明白自己為什麼會被束縛。所以，每個人都必須從問題中先跳出來，認真看待自己、了解自己。

094

我們必須停止在自己的「經驗」學校裡做一個不聽話的孩子，開始虛心、耐心學習經驗帶來的教訓和啓迪。正確理解了邪惡的存在，它便不再是邪惡，而是成爲人類成長過程中的過渡階段。因此，邪惡實際上是好學之人的老師。

095

邪惡並非存在於外部世界的抽象之物，而是我們內心的一種經驗。耐心體會和糾正自己的思想，就能逐步找到邪惡的根源和本質。唯有如此，才能在以後的生活中徹底消除邪惡。

096

任何邪惡的事情都能得以糾正和補救，因此邪惡並不是永恆的東西。它產生的根源在於無知——對任何事物的性質和事物間的關係一無所知。不消除無知，人就會屈服於邪惡。世界上的任何邪惡都來源於無知。如果一個人願意從教訓中不斷學習進步，就會越來越有智慧，邪惡也就越來越遠，直到消失。反之，如果一個人不願意吸取經驗教訓，而是停留在邪惡裡，那他永遠都走不出邪惡的陰影。

不消除
無知，
就會屈服於
邪惡

097

有這樣一個孩子，每晚母親抱他到床上睡覺時，他都哭喊著要蠟燭。有一天晚上，母親一時沒注意，孩子抓住了蠟燭芯，結果可想而知，燃燒的蠟燭燒到了手。從此，孩子再也不要蠟燭了。

通過一次魯莽的行為，孩子得到了經驗，並且徹底接受了教訓。這個例子對於痛苦的本性、意義以及最終結果，給予了全面說明。孩子因為對火的自然本性一無所知而遭受痛苦。而我們跟這個孩子並沒有本質上的區別，只要還存在無知，便會做出錯誤的舉動，從而遭受痛苦。

兩者唯一的區別是：我們的無知和邪惡有著更深層次、更難以理解的原因。

徹底
接受教訓，
讓痛苦昇華
為經驗

098

黑暗總是邪惡的象徵，而光明總象徵著善良。其實在世界上，光充滿了整個宇宙，黑暗只是其中的一小點或是光的陰影——由一些微不足道的物體在光的背景下形成。由此來說，光明是生命的本性，是構成世界的主要部分，而邪惡只是自身投射的微不足道的陰影，並攔截了小部分光線而已。

099

遭遇悲傷、痛苦或不幸時，可能你會拖著疲憊的腳步磕磕絆絆地前行。但是一定要清楚，環境只是攔截你快樂和幸福再小不過的因素，真正遮蓋快樂和幸福的陰影是你自己。

100

惡果是無知的直接產物。當一個人完全認清了惡果帶來的教訓之後，它就會消失，人就會變得更加有智慧。但是，如果一個人拒絕進步甚至怨天尤人，那他的境況就會越來越差。

經歷黑暗，心向光明

101

有人問道：「人為什麼非要花費力氣去反省自己、穿越惡果所在的黑暗呢？安於現狀不行嗎？」這是因為人的無知會一直讓自己受苦，又因為這樣做使人懂得惡與善，使人在經歷黑暗之後更加堅定地選擇光明。

102

如果一個人拒絕接受教訓，從而使自己繼續留在惡果帶來的黑暗中，那麼可能會遭遇更多疾病、失望和痛苦。

因此，如果一個人想要不斷改變自己，就要時刻學習，不斷接受外界帶給自己的經驗和教訓，逐步成為有智慧的人，如此才能找到永久的幸福與平和。

當然，一個人可以把自己關在黑暗的房間裡，認為世界上根本沒有光。但無論如何，在這間黑屋子外面，光無處不在。

所以，我們要麼置身於真理之外，要麼推倒偏見、自私和錯誤的圍牆，讓燦爛的光芒在自己的生命裡無處不在。

走出黑屋子，光芒無處不在

103

只有通過自我反省才能意會到，邪惡是一個必然要經歷的過程，是我們給自己罩上的陰影。痛苦、悲傷和不幸是無知的必然結果，它們之所以會發生，是因為我們理應經歷這些，我們也需要這些。所以，對待它們，首先必須忍耐，然後是了解，最終我們會攻克它們，進而變得充滿智慧、強大，成為一個崇高的人。

越努力，越幸運

104

如果一個人能夠充分認識不幸，就能塑造自己的成長環境，把惡果變成智慧，用高超的技藝來編織自己的命運。

105

你是怎樣的人，就擁有怎樣的世界。世間的一切都能轉化為個人的經驗。外面的世界怎樣，其實無關緊要，因為它完全是個人意識的反映。

內心的狀態，對於一個人的成長才是最重要的。內心怎樣，外面的世界就會被看待成什麼樣子。

106

不純潔、汙穢和自私的內心，必定會遭受不幸和災難；純粹、無私和高尚的內心，必會感受到幸福和美好。

思想、慾望和志向都是構成個人世界的要素，而且對任何一個人來說，不論美麗、愉悅和幸福，還是醜陋、悲傷和痛苦，完全都是內心的感受。

醜陋
的感受，
只源於內心

107

通過思想的作用，人可以創造或破壞自己的
生活和世界。思想的力量能夠創造自己的內
心，因此你也能對自己的外部生活和環境做
調節。

108

每個人的心靈會吸引各自的事物，那些不屬於你的也不會輕易到來。

因此，人的想法造就了真實的自己；周圍的世界，無論是生機勃勃還是死氣沉沉，都是你內心的感受。正如佛語所說，所有的結果都是人們思想的產物。

109

一個人高興，是因為他生活在快樂的思想氛圍裡；一個人痛苦，是因為他生活在悲傷或絕望的思想狀態中。

110

無論懼怕或無畏，愚蠢或聰明，煩惱或平靜，都是人內心蘊藏的狀態，絕對不是外界環境的作用。也許有人會問：「那麼外界環境對人的思想就沒有任何影響嗎？」當然有，但只有當一個人想要接受環境對他的影響，那麼環境才會影響到他。

111

如果你被環境左右，只是因為你沒能正確理解環境的本質。

如果你相信（「相信」這個詞，也承載了悲傷和快樂兩種感受）外在環境創造或破壞你的生活，那你就會服從它們，成為環境的奴隸，讓它們無條件地做你的主人。如果你接受了這樣的信念，你就賦予了環境無限的力量，而這力量本來掌握在你自己的手中。

如果受
環境左右，
是因為沒能
正確理解
其中的本質

不同的思考，走向不同的命運

112

我認識這樣兩個人，他們都在年輕的時候失去了努力積攢的存款。其中一個人整日深感不安、懊悔、擔憂和絕望。而另一個人得知他存錢的銀行已經破產時，他想：沒有就沒有了吧！痛苦和擔憂不會讓錢再出現，但只要勤勞，還能創造一切。

於是，後者精神煥發地投入工作，很快就又富了起來。而前者還在為自己失去的錢而悲傷，抱怨自己倒楣，所以仍然身陷低谷，處於軟弱和奴性的思想狀態之中。

同樣是損失了金錢，對於前者來說就是災難，因為他選擇用黑暗和淒涼的思想來看待這件事；對於後者來說就是重新開始努力的起點，因為他用光明和希望的思想來對待這件事。

113

如果環境本身有保護或傷害人的力量，那它同樣會保護或傷害所有人，不會有任何差別。但事實並非如此，同樣的環境就不同的人而言，影響完全不同。這證明思想決定結果，而非環境。

如果一個人能認識到這一點，就能有意識地開始控制自己的思想，通過對思想的調整和訓練，去除其中無用的成分，保留喜悅、平靜、同情、愛心等善良的思想，如此，人就會變得快樂、平和、堅定、健康、慈悲、以及友愛。

去除無用的思想成分，只保留有益的

114

一位熱情洋溢的科學家在鄉間漫步，這也是他的興趣所在。途中，他在一個農家小院看見了一個在水池裡玩水的孩子。

他對孩子說：「我的朋友，這個池中有 100 個，不，有 100 萬個物質，只要我們有足夠的智慧和工具，就能看到。」而孩子不屑一顧地回答說：「是的，我知道這池中滿是蝌蚪，很容易就能抓到。」

在科學家的眼裡，世界充滿了知識，所以他能看到更多隱藏於事物背後的價值；而對於混沌未開的孩子來說，世界就是他眼裡看到的東西，並無特別之處。

對於水手來說，海洋蘊藏著危險，在大海航行的船隻有可能觸礁；而在音樂家眼中，大海是靈感的來源，他們在海邊能感受到變幻莫測的音符。

普通人看到了災難和混亂，哲學家卻看到了因和果最完美的排列組合；唯物主義者看到了死亡，神祕主義者卻看到了生命的律動和永恆。

多疑的人認為每個人都值得懷疑；愛撒謊的人認為不會有誠實的人存在；善妒者認為每個人都心存嫉妒；自甘墮落的人，常會把聖人看成偽君子。

而有一些人，他們在愛的思想中生活，看到的都是愛和喜悅──誠實的人不會懷疑別人；和藹友善的人會對他人的好運感到欣慰，卻不會嫉妒；真正愛自己的人也會愛別人……

人都喜歡和自己相近的人接觸進而成為朋友，這是事實，也是自然規律。所以有「物以類聚，人以群分」之說，它揭示了事物之間更深層次的聯繫。因為無論是物質世界還是精神世界，人們都願意和自己類似的人相處。

115

如果你正在祈禱自己成為那些幸福、快樂的人當中的一員，並盼望著在有生之年能愉快的生活，那我告訴你一個好消息：你可以加入他們，並找到屬於自己的幸福世界。其實幸福、快樂充滿著整個宇宙，就在你的心裡，等你去發現、承認和擁有。

你必須相信自己有愛和快樂的能力，然後冥想沉思，直到自己明白世界就是內心的反映。然後，你就會開始自省，重建自己的內心世界。當你得到一個又一個啟示，認識逐步深化時，會發現外界所有負面的環境對你都不再起作用。

先練就美德，再征服世界

116

世界是一面鏡子，每個人都能在其中看到自己。現在讓我們一起邁著堅定、輕快的步履繼續攀登，來到認知層面，看這裡有什麼規律可循。

117

最基本的規律是，世界裡的一切皆有因果。
在因果中，事物之間相互作用。任何事情
都不能脫離因果規律而獨自存在。

118

無論是人的思想、語言和行為，還是天體運
行、世事變化，無不有規律存在。沒有任何
一種偶然存在於世界上，因為這種情形將否
定所有規律。

因此，每一個生命也必然受到有序、和諧的
規律限制。「一分耕耘、一分收穫」這個定
律鮮明地刻在永恆之門上，沒人能夠否認，
也沒人能夠逃避這個定律。

壞思想
燒傷
自己的心

119

就如同把手放進火裡一定會被燒傷，任何
咒罵和祈禱都無法改變這樣的結果。人的
精神也被完全相同的定律所控制。仇恨、
憤怒、嫉妒、貪婪──這些都是燃燒著的
火，只要碰到任何一個，都會被燒傷。

能夠燒傷人的思想都被稱為「邪惡」。因為
人的無知，它們會在不知不覺中破壞人的努
力成果，導致人處於混亂狀態，讓人遭受疾
病、失敗和不幸，進而令人痛苦和絕望。

充滿了愛、溫柔、善良和純潔的思想，則能
撫平傷痛，並讓人再次和永恆的規律和諧相
處，這樣人才會健康，擁有好運和成功。

透徹了解
宇宙的
偉大規律
使內心
得到平和

120

用順從規律的方式處理問題，你就能和規律
和諧一致，那麼無論面對什麼困境，你都能
轉化它。

121

一個人必須清楚：正義、和諧和愛是至高無
上的優秀品質。同樣，不利於成長發展的環
境的形成，是自己不順從規律的結果。

知道這一點可以讓我們獲得力量；只要能夠
忍耐，練就自己接受一切條件的理念，就能
逐漸變得平和。只有如此，你才能不受所
有不利環境的影響，用必勝的信念去克服一
切困難，就不會懼怕任何不幸和遭遇捲土重
來。因為只要你遵守規律，那麼你擁有的力
量一定能把它們都斬草除根。

122

和人類所有弱點的起因一樣，權力的根源也是內在的；幸福的祕訣也像痛苦的祕訣一樣，都是內心的感受。

123

只有內心的安寧，才能讓人進步；只有讓自己不斷獲取更多的知識，才能找到持久繁榮與平和的立足點。

124

如果你認為自己正遭受環境的束縛，是環境障礙了你獲得更好的機會、更廣闊的發展空間和更豐富的物質條件，也許你該反思一下，是不是你內心的埋怨和不滿束縛了命運的腳步。

125

如果你能夠以堅定不移的決心改善自己的
內心狀態，你就能改變外部環境對自己的
影響，從而提高生活條件。

126

我知道，生活中有些小路看似貧瘠，但不論是什麼樣的道路，都能通向真理。一開始，人們可能覺得這條小路並不正確，也可能覺得它蜿蜒崎嶇，但無論怎樣，只要你選定了一條小路，就要持之以恆地鍛鍊自己的思想，克服自己的弱點，讓內心的力量在前進的過程中不斷得到修正，那麼最終，你會對自己生活的變化感到吃驚。

堅持走下去，即便小路凹凸不平，你也能遇到撒落在道路上的各種機遇，你也會練就駕馭這些機遇的力量。如此，就像磁鐵相互吸引一樣，你會交到許多志同道合的朋友，也能碰到和你產生共鳴的心靈。這時，所有你需要的書籍和外界的幫助，也都會湧現在你面前。

127

或許貧困的枷鎖會壓得你喘不過氣來，你可能因為沒有朋友而感到孤單、寂寞，也可能會渴望減輕自己沉重的負擔；也許你會抱怨，嘆息自己的命運，責怪自己、父母或是上司，甚至怪罪上天，讓自己遭遇貧窮和困苦，而給予別人富有和安逸的生活。

但是，請停止抱怨和煩惱吧！你所責怪的，沒有一個是讓你困苦的原因，真正的原因是自己的內心。只有找到真正的原因，才能找到補救的辦法。

128

如果你是一個喜歡抱怨的人，那說明你的命運可能不會太好，也表明你缺乏一種信念——通過努力會取得進步和改變。

129

在這個規律統治的世界裡，喜歡抱怨的人將失去立足之地，擔憂和焦慮也只會讓事情惡化。消極心態會進一步吞噬你，讓你陷入黑暗，只有改變你對生活的態度，你的生活才會隨之改變。

130

不要自欺欺人地認為財富、地位和優勢會長存而鬆懈下來。因為這些不是永恆的，一旦停止了進步，你會快速後退。

與其擔憂焦慮，不如樹立自己的信念，增長知識，為自己創造更好的生存環境和更廣闊的機會。

每個人都因當如此，在你想要得到更多的時候，別忘了珍惜目前所擁有的一切。珍惜加上努力，你便會獲得超越的力量。

一旦
停止進步，
就會
快速後退

一點一滴
改善
現有的環境

131

也許你正住在一間小房子裡，周圍環境很髒、很亂。或許你希望住所更大、更衛生。但你要做的第一件事，就是先從適應現在這個小平房開始，盡可能把它收拾得像一個小天堂一樣。讓它一塵不染，裝飾得更加漂亮。做自己喜歡吃的東西，哪怕是再普通不過的食物，把看似簡陋的桌子擺滿豐盛的菜餚。即便買不起地毯，你也要讓房間充滿微笑和熱情。

這樣做就可以改善你目前所處的環境，而且在適當的時間，你也會住進更好的房子，進入更好的環境中。事實上，它們也在等待你的到來。

132

也許你渴望的東西要經歷很長時間的努力才能得到，有時你會覺得這個過程實在太艱苦、太漫長。所以，在接近渴望得到的東西的過程中，要盡可能停下來享受時光。

133

如果你不能控制把握自己目前所擁有的短暫的時間，而只是渴望能有更多時間，這是毫無意義的。因為這樣的渴望只會讓自己更加懶散和麻木。

不把握時間卻渴望更多，只是懶散的藉口

134

即使貧困、缺少休閒時間，事情還不一定會很糟糕，但它們如果開始阻礙你前進了，那是因為你為它們穿上了用自己的弱點做成的外衣。

135

只要你不斷塑造自己的思想，你就能成為命運的創造者。當你通過自律改變自己的很多行為時，你就會擁有一些掌控力。當你越來越清楚地認識到這一點時，最終你會看到，原本所謂的惡果可能會被轉化為幸福。

136

如果你還生活在困頓中，便可以借此培養耐心、希望和勇氣。肥沃的土壤能夠開出最美麗的花朵，最出色的人格花朵也同樣能在貧困但肥沃的土壤中發芽、開花。當遇到困難或面臨不利條件時，美德就會彰顯榮耀，發揮活力。

自律就是自由

感謝上司對你發火

137

有人因為上司對自己發火，就覺得自己受到了不公正對待。可如果能轉換思維，把遇到這樣的上司看成對自己的鍛鍊，用溫柔和寬容來回應上司的刻薄，反而能培養出耐心和隱忍的品質。

138

人需要不斷磨煉自己的耐心和自制力，提升內心的力量，正確對待不利因素和條件。上面的例子中，通過耐心傾聽和虛心接受，可能會讓上司對你刮目相看。這樣做的同時，你也提高了自己的精神高度。從此以後，你就能比別人更快進入適合自己的新環境。

奴性是自己養成的

139

假設你被人奴役，也不要抱怨。而是要通過高尚的行為舉止來提升自己，擺脫被奴役的境地。在抱怨自己沒有自由時，請事先審視一下自己的內心。

140

如果你直面自己的內心，不給自己留任何情面的話，也許你會發現自己的奴性思想以及日常生活中的奴性習慣。例如，你可能不敢決定自己的生活，可能因擔憂未來的風險而寧願待在舒適區……

一定要戰勝這些內在的東西，不要將掌控權拱手讓人，誰也沒有權力奴役你。戰勝了自己的內心，你就能戰勝一切，克服各種困難。

141

不要壓迫別人。有一條絕對公正的規律，那就是今天壓迫別人之人，明天必將受人壓迫。昨天也許你還是個壓迫他人的富人，而轉眼間你可能就欠了別人許多債。所以，一定要提升自己的品格和修養。

142

正義和善良是永恆的，這點需要牢記。每個人都應該不斷努力提升自己，超越主觀和短暫，去尋求客觀和永久。

今天壓迫
他人之人，
明天一定
會受人壓迫

自憐是
看低自己
的行為

143

請擺脫你正在被別人傷害或壓迫的錯覺，如果你能更深層次地了解自己的內心世界並掌握生活的規律，你會發現真正傷害你的是自己的內心──自憐是最喪失體面、最低賤自己和毀滅內心的行為。如果這些傷害充斥著你的內心，你將永遠無法獲得更充實的生活。

144

不要寬恕自己不當的行為、願望或想法，因為它們承受不住善良之光的照耀。

如果你能做對這一點，最終幸福也會如期而至。根除內心自私和消極的因素，才是超越貧窮或任何不利條件的唯一辦法。因為它們確實都是內心的反映，如果不改變內心，貧困會一直繼續。

145

想要擁有真正的財富，就要有美德。能賺到
很多錢的人，未必擁有美德，也許他們並不
希望自己有美德。那麼他們的財富就不是真
正，擁有財富也只不過是短暫的行為而已。
富人缺少了美德，就變成了窮人，會像河
水一樣漂流到海洋裡，財富也會和貧困、
不幸一起隨之漂流。

沒有美德,
擁有財富
也只不過是
短暫
存有而已

146

儘管有些人一生中的很多時候都很富有，但如果沒有長期的經驗和戰勝自己內心貧困的決心，也一定會多次陷入貧窮之中。

147

其實，外表貧困而富有美德的人才是真正的富人。在物質的貧困中，他一定能走向最後的繁榮，喜悅和幸福終究都會降臨。想要成功，首先必須具有高尚的品德。

148

如果將投機取巧直接鎖定為你的目標，並貪婪地去實現它，那麼你最終會走向失敗。與其如此，不如把生活的目標定為無私奉獻，並向至高無上的善伸出你的信念之手。

戰勝內在的貧困

財富
只會找上
動機正確
的人

149

如果你想要得到財富的目的是為了回報社會，幫助他人，而不是為了自己，那財富就會自己來找你。因為在追求財富的時候，你把自己當作服務員，而不是主人，你就會變得更加強大和無私。

要仔細考慮好自己的動機，因為大多數情況下當人們幫別人謀求福利時，其真正的動機往往是對自己聲望提升的渴求，或是想為自己樹立慈善家或改革家的形象。

150

如果你真正的願望確實是做好事，那完全
沒有必要等有了錢再去做，此時此地你就能
做；如果你真的無私，在不富裕時，可以用
犧牲自己的方式來幫助別人。你只需克服自
私的慾望，去除自己卑劣的品質，對鄰居和
陌生人、朋友和敵人都傳遞幸福的氣息。

151

如果不善待自己擁有的東西，財富越多，
你就會越自私；如果你用金錢做的事情越
多，越有可能感到自滿。

成功和權力都與內心的善良及其他美德相
關，而積貧積弱與內心邪惡相關。這也是
因果關係。

真正的財富
是由
美德積累

依靠金錢
無異於
站在一座
陡峭的險峰

152

真正的財富是由美德積累而成的，人真正的權力就是運用自己的美德，糾正內心，調整生活。貧窮和弱勢的根源來自慾望、仇恨、憤怒、虛榮、驕傲、貪婪、固執、放縱和自私；而財富和權力的積累源於人的博愛、純潔、溫柔、同情、慷慨、無私和忘我。

美德是
實踐夢想的
最低成本

153

當一個人能夠克服不利的因素時，內心就會產生無法抗拒、堅不可摧的力量。如果一個人能創造出懷有最高美德的自我，那全世界就會拜倒在他的腳下。

154

事實上，富人和窮人一樣都擁有難處，富人甚至比窮人離幸福更遠。這裡我們所討論的幸福，不取決於你的外在條件和擁有的財富，而取決於你的內心。

155

假如你是一個企業家，和自己的員工產生了很多矛盾，感覺麻煩纏身；當你自認為矛盾快要解決，而最忠誠的員工卻離你而去時，你會開始或完全失去對人的信任。

之後，你開始盡力補償，給員工更高的工資，給他們更多的自由，但實質上問題並沒有得以解決。讓我們來分析一下原因吧。

因為你才是困境的根源，而並非員工；只有以謙遜和真誠的態度審視自己的內心，發現和消除自己的錯誤，才能發現矛盾的根源。

原因也許是你自己的某種私慾、對他人的懷疑或是某種程度的偽善，即使你自己不想流露，這些情緒也會悄悄在人群中蔓延，人們會下意識地對你的行為有所反應。

你可以善意地想象一下你的員工和他們的工作環境，如果把你自己放在他們的位置上，你會怎樣做。

心靈的謙遜最為珍貴、美麗，面對雇主的善意時，員工會完全忘我地工作。但是更為難得的一種美德是，雇主忘記自己的幸福，去為那些在自己的權威下生活的人們謀取幸福。這樣的雇主，幸福會增加 10 倍。同時，他再也不會抱怨員工。一位才華橫溢、從不解聘員工的著名企業家說：「我總會和我的員工保持最愉快的關係。如果你問我此話怎講，我只能告訴你，這就是我和員工一開始相處的目標。」這就是祕密，如果這樣做，就會得到所有理想的條件，克服一切不利因素。

156

你覺得自己孤獨、沒有愛、沒有朋友嗎？那麼為了你自己的幸福，我懇請你做到：除了自己，不要去責怪任何人。

對他人友善
就能聚攏
純潔可愛
的朋友

157

對於任何讓你的生活變得沉重的事情，你都
可以通過內心提升和自我淨化來獲得力量；
無論是來自貧窮的煩惱，還是來自富有的
壓力，或者是來自生活中的種種不幸，你
都可以通過克服自私來攻克。

158

如果一個人必須通過賠錢或喪失職位的方式
來彌補沒有遵循規律的惡果，他可能因此痛
苦或喪失勇氣，但這也可能是他反思自己，
從而找到財富、權力和快樂的過程。

檢討使我陷入困境的自己

征服自己的人等於征服了整個宇宙

159

堅持自我的人，是自己的敵人，而且會被
敵人團團圍住。能夠適度放棄自己的人，
才是自己的救星，而且會有很多朋友圍繞
在身邊，像給自己建立了一個保護帶。對
於純潔的心，所有的黑暗、烏雲都會消散。
其實，征服自己的人已經征服了整個宇宙。

160

脫掉自私、渺小的舊衣服，穿上用博愛做的
新衣服，你就會看到內心的天堂。堅定地踏
上改善自己的道路，在信念的支持下，懂得
自我犧牲，就一定能獲得最大的成功，並會
擁有源源不斷的歡樂與幸福。

掌控不了自己，便駕馭不了他人

161

思想的力量是宇宙中最強大的力量。這種力量得到正確的引導，就會產生善行；被錯誤利用時，則會產生毀滅。

這就好比蒸汽機或電力發動機等機械方面的常識，但很少有人會把這種知識用到精神領域。作為精神最為強大的思想的力量，若不斷產生，它們可能成為拯救者，也可能成為破壞者。

162

戰爭、瘟疫、飢荒和錯誤的指導思想密切相關。一旦指導思想出現偏差，破壞性的後果便隨之而來。

實際上，指導思想在世界的塑造中起著重要的作用，想要有所改變，必先鑄造思想，然後再讓它作用於物質世界。

因果是所有智慧和力量的基礎

163

希伯來的先知們有著高超的預言知識，他們總是把外在事件和內在思想聯相互聯繫，把國家面臨的災難和成功與當時國家的主導思想聯繫起來。

他們預言的基礎就是思想的因果力量，因為它是所有智慧和力量的基礎。國家大事件只不過是國家力量的一種體現。

164

人類發展到目前的階段，已經擁有了征服物質世界的力量。但是，即使許多智者一再強調，人們還是很難征服自身的內在思想。

思想
開始動搖,
事物便會
漸漸分裂
和毀滅

165

作家、發明家、建築師首先要在思想中建立
自己的創作藍圖，並把所有思想作為一個整
體加以完善。然後，他們開始把自己的想法
變化成實物材料，使其變成看得見、摸得著
的作品。

166

當思想的力量與支配事物的規律達到和諧統
一時，它們就會一直存在下去，然而當思想
開始動搖，事物便會漸漸分裂和毀滅。

167

要想讓自己所有的思想都能正向發展，就
要讓它與善良合作，消除自身一切罪惡的因
素。相信這一點，你就能獲得成功。

在這裡我們能了解拯救的真正含義，獲得和
實現永恆善良的生活之光，把思想從邪惡的
黑暗和否定中拯救出來。

168

有恐懼、擔心、焦慮、懷疑、麻煩、懊惱和
失望，就有無知和痛苦。這樣的思想狀況都
是自私的直接結果。

人的所有弱點和失敗都源於這些精神狀態，
因為它會瓦解積極向上的思想力量，讓人
們失去對目標和夢想的渴求。

做自己的主人，而非做情緒的奴隸

169

要真正克服這些不利條件，就要讓自己掌握權力，不再做情緒的奴隸，而是做自己的主人。通過自己內在知識持續穩步的增長人們就能戰勝它們。

但只從認知上明白還是不夠的，必須通過實踐才能真正超越和理解它們。而精神上肯定積極、善良也是不夠的，只有堅持不懈地努力，才能體會和理解。

掌握精神而非受其所控

170

對於一個負面思想纏身的人，即使把成功放到他的手裡，他也無法把成功留住，一點不順就能將他擊垮。

171

如何才能做到掌握自己？當你會控制精神力量，而不是被它所控制，這就是掌握的標準。做到這一點時，你就能掌握事態的發展和改善外部環境。

172

沒有信念、不會自制的人，根本沒有能力正確管理好自己的事情，只能做環境的奴隸、情緒的奴隸。人只有堅強的信念和無畏的意志，才能做成一切。

173

無論你的地位如何，在你成功之前，必須先學會冷靜和專注地集中思想的力量。你也許是個商人，面對某個壓倒一切的困難和災害時，你可能恐懼、焦慮，並感到束手無策。這樣的心理狀態如果不改，將是致命的。因為當焦慮來襲時，就會失去正確的判斷。

現在，請你在清晨或深夜走到一個寧靜的地方，或者待在一個絕對不會被打擾的房間裡，輕鬆地坐下，強行要求自己忘記焦慮的

目標，凝思生活中令人高興、幸福的東西，
此時一種平靜、沉著的力量就會漸漸進入你
的腦海，焦慮也就隨著消失了。

如果你完全做到了這些，你就可以集中思想
開始解決自己面臨的困難了。平日裡看起來
錯綜複雜、不可逾越的一切，就會變得異常
簡單而平常。你將能夠帶著清晰的視野和完
美判斷力去辨清奮鬥的正確方向。

只有冷靜，才能得到啟示

174

在你完全心平氣和之前，你必須日復一日地反覆嘗試。堅持就一定能夠做到。平靜時，呈現在你眼前的路，一定能通向你的目標。要絕對跟從冷靜和遠見的引導，不受焦慮、擔憂的任何一點影響。只有冷靜，你才能得到啟示，從而做出正確判斷。

通過這一心態的調整，那些分散的思想力量會如同探照燈的光線一樣，重新聚攏起來，幫助你解決問題。

175

無論多大的困難，在平靜、有力的思想面前都會被化解。通過心靈力量的使用和正確引導，任何問題都能被解決。

176

只有深深地、徹底地了解你的內在本質，戰勝潛伏在你內心的無數敵人，你才能對思想的微妙力量有正確的理解，才能了解思想與外在世界物質不可分開的關係，才能知道當它被正確利用和導向時，具有重新調整和改變生活條件的神奇潛力。

177

每種思想都是一種力量，它們有自己的性質和強度，時時接受外界影響，不斷沉澱，並產生或善或惡的反應，而思想和思想之間也會不斷影響。

178

好的思想會以良好的狀態反映在外部生活裡。控制自己思想的力量，你就能如願地塑造自己的生活。

聖人控制內心，而罪人是被內心控制

179

追求真正的力量和持久的和平，絕無他法，
只能通過自我控制、自我管理、自我淨化的
途徑。受自己的慾望支配的人一定是無能的
人、不快樂的人，這樣的人在世界上也不會
有真正的作為。

180

要戰勝看似微不足道的愛好和厭惡、反復無常的愛和恨、一時的憤怒、猜疑、嫉妒以及一切變化的情緒，你要學會抵制誘惑。你的真正目標是把幸福和成功的金絲線編織在生命之網上。

學會
抵制誘惑，
便得到成功
的權柄

181

當你能夠成功地控制自己的思想和衝動時，就能感覺到一種新的靜默之力隨之一起成長，一種鎮靜的力量將與你同在。

從那以後，你的潛力將得到無限發揮，以往的混亂將對你失去作用，你現在所擁有的只是成功後的平靜和自信。

182

正如一片貧瘠的荒地能通過引入水渠，而轉變為一塊金燦燦的玉米地或碩果累累的果園一般，人如果能用冷靜的眼光看待周圍的混亂，就能拯救自己的靈魂，讓心靈和生命得到滋養。

保持靜默
以平和戰勝
軟弱的思想

平靜
能喚醒
直覺

183

隨著新的力量的形成，一種被稱為「直覺」
的內在品質會被喚醒，你就再也不會被黑
暗和迷茫所困，而是走在光明的道路上。
隨著直覺智慧的發展，你的判斷力和洞察力都
會得到大幅提高。在做出判斷之前，你就能感
知即將到來的事情，因此你會得到指引。

改變思想，便能潛移默化影響環境

184

通過培養強大、純粹和高尚的思想，發展出直覺智慧，你的幸福被無限量強化，此時的你才能感受到因自我控制而產生的喜悅、掌控感和自由。

而這喜悅、掌控感和自由將不斷從你身上散發出來，雖然你可能意識不到，但周圍的人會被吸引到你身邊，你開始對他們產生影響。因為改變了思想，你便能潛移默化地影響周圍的環境。

獲得健康、成功、權力的三個祕訣

185

「一個人最大的敵人一定是自己。」要用強大的自控力和樂觀的心態去改變消極、邪惡的思想，而不是得過且過，放任自己。你是自己的主人，就像一個家的主人命令僕人或者邀請客人一樣，你必須學會控制自己的慾望和思想，而不要被它們控制。

長期訓練自己，你就會擁有意想不到的智慧，以及內在的平和與力量。

186

童話寄託著我們對理想生活的嚮往。兒時，我們幼小的心靈從未動搖過對主人公的信心，也從不懷疑他們最終能戰勝所有的敵人。而且，我們知道幫助主人公的仙女向來都萬無一失，她們永遠不會拋棄追求真善美的人。

當仙女在最關鍵的時刻施展魔法驅散所有黑暗和困難時，我們心中總會升起無法形容的喜悅，並希望主人公「從此以後一直幸福」。多年之後，我們對於現實越來越熟悉，心中美好的童話被漸漸遺忘，曾經的主人公也變成了記憶裡朦朧、虛幻的影像。

雖然經歷了成長的洗禮，我們認為自己已經足夠有智慧、強大，但實際上，我們的人生道路又何嘗不是兒時童話的第一種版本呢？童話中的人物一開始總是很渺小，但是憑借著自己的善良和努力，他們到後來卻有著無堅不摧的神奇力量。

在我們看來，這些童話人物之所以能實現超越，正是因為他們不斷努力讓自己的步伐與心靈的法則、世界的規律相協調。只有這樣，才能獲得真正的健康、財富和幸福。

善良讓你
站穩腳跟

187

唯有善良可以成為人的保護傘。這裡的「善
良」不僅要符合外在的道德規則，更主要
的是擁有純粹的思想、高尚的情操、無私
的愛以及遠離偽善。

哪裡有善良的人格、純正的信念和堅定的思
想，哪裡就有成功和力量。在這些地方，失
敗和災難都沒有立足點，因為在這裡它們失
去了生存的土壤。

188

從很大程度上來講，身體狀況受心理狀況而影響，這點正在引起科學界的廣泛討論。比如一個消化不良的人，本來他只是偶爾腸胃不適，但如果他為此擔憂過度，消化不良很可能會變成腸胃炎。相反，一些患上絕症的人，因為放下了日常生活中的埋怨、鬥爭、仇恨，反而出現了轉機，甚至逐漸痊癒。在今後的生活中，「疾病皆有思想根源」可能會成為常識。

身心疾病
皆由
思想而起

189

世界上本沒有邪惡，邪惡扎根於思想。罪惡、疾病、悲傷和痛苦其實並非普遍規律，並不是大自然與生俱來的，而是我們的無知和錯誤的行為導致的結果。

傳說有一些住在印度的哲學家，過著非常樸素而簡單的生活。他們當中的大多數人都活到 150 歲，如果誰生病了，在他們看來是不可饒恕的恥辱，他們認為生病是因為思想的不潔而導致的。

190

疾病常常困擾自私、軟弱和心懷不軌的人，
這些人的心理和身體都更容易出現問題；但
疾病會遠離那些思想強大、純潔和積極的
人，這些人永遠都能以健康、樂觀的態度面
對生活。

越早認識到疾病是自己的心理或罪惡導致的
結果，人類就能越早踏上健康之路。

不和諧的心理狀態將招致疾病

191

如果一個人總處於憤怒、擔心、嫉妒、貪婪或任何不和諧的心理狀態中，還期望自己能夠擁有健康的身體，那就是在期望不可能的事情。智慧的人會小心翼翼地避開這些思想，因為他們非常清楚這些思想的危害性非常大。

192

如果想要擺脫身體疾病，並擁有健康的身體，首先要擺正自己的思想。讓快樂、愛和善意這些靈丹妙藥進入自己的思想，拋棄嫉妒、懷疑、擔心、仇恨和自私放縱，你就能和消化不良、脾氣暴躁、神經緊張和關節疼痛等疾病說再見。

但如果你非要持悲觀沮喪的思想，就不要抱怨身體虛弱多病了，因為這一切都是你自己造成的。下面的故事說明了思想和身體狀況之間的密切關係。

193

一個患有痛苦疾病的人試著去看了一個又一個醫生，但都無濟於事。後來，他還嘗試多種治療方式，不料治療之後，病情卻加重了。一天晚上，他夢見一個神仙來到身邊對他說：「兄弟，你是不是嘗試過所有的治療方式了？」他回答說：「是的。」神仙說：「事實並非如此。你跟我來，給你看一個你沒有嘗試過的沐浴治療的方式。」

神仙把他帶到一池清水旁，對他說：「跳下水，你就會痊癒。」之後神仙就不見了蹤影。於是，這個人就跳下了水，出來時，他的病果真好了。他看到池子上面寫著「斷絕不良關係」幾個字。醒來後，此人回想著夢裡的

情景，審視內心，他才醒悟過來——原來自己的罪惡和放縱才是疾病的罪魁禍首。此後他發誓一定要與這些不良關係說再見。

後來的日子裡，他實現了自己的諾言，從此痛苦開始離他遠去，他的身體也恢復了健康。

斷絕
不良關係

身體垮掉
往往是
浪費精力的
愚蠢結果

194

許多人都抱怨因為過度工作，身體已經垮
掉了。而大部分情況下，身體垮掉往往是
愚蠢地浪費精力的結果。

如果你想擁有健康，就必須學會管理自己的
工作方式，焦慮、擔憂都會引起身體不適。

195

無論是腦力勞動還是體力勞動，都是對身體健康有益的。如果你能夠把工作處理得井井有條，一定能遠離憂慮和擔心。對於腦子裡沒有工作規劃的人，可能時時刻刻都只能看到眼前的工作，這樣就會把自己搞得匆匆忙忙、憂心忡忡，更別說保持身體健康了。這種人很快也會喪失上天賜予的最大的福利——健康的身體。

能夠把工作
處理得
井井有條,
也能遠離
憂慮和擔心

真正的健康和真正的成功形影不離

196

信念的力量可以讓你對每項工作的熱情都持久。只要你對支配事物的規律有信心，對自己的工作本身，以及對完成工作的能力有信心，你就能夠在競爭激烈的工作環境中屹立不倒。

197

在任何情況下，你都要遵從內心的最高指示——忠於自我，依靠內在的力量，用無所畏懼的寧靜之心去追求目標，相信將來自己的每個想法和努力都會得到獎賞。你會了解，宇宙萬事萬物的運行規律永遠不變；唯有意志將和你永遠同行，帶領你走向成功。

有堅定信仰
的人
能跨過
任何困難

198

信念的力量會打破半信半疑的狀態，困難在它面前將會退縮直至被擊倒。有堅定信仰的人能安然跨過任何困難。

199

無論你被拋棄在痛苦的深淵裡，還是已經攀上了成功的高峰，都要永遠保持信念，只有它能成為你的避難所，讓你在任何情況下都能抵禦世事的變化。

200

如果你擁有信念，就不會為自己暫時的成功
而洋洋自得，也不會因一時的失敗而一蹶不
振，因為你知道這都只是暫時的。在成功的
路上，肯定會有高潮，也肯定會有低谷。

同時，你也不必擔憂結果，只要踏實地工
作，必定會得到令人欣喜的結果。

201

我認識一位女士，在別人看來，她是個非常幸福的人。一位朋友對她說：「你多幸運呀！想要什麼就有什麼！」從表面上看，的確如此。但實際上，這位女士生活中所有的幸福，都是她克服了諸多困難並不斷提升自己而獲得的。

但對於大多數的人來說，他們的理想永遠停留在空想階段。一旦遇到了現實的困難，他們便停止了想象，似乎這能夠及時止損。可是，只有希望而沒有行動，結果永遠只會是失望。這就是生活的真相。

愚蠢的人，
在幻想中
抱怨
智慧的人，
在工作中
等待機會。

202

你和任何一位成功人士都沒有差別——任何人都會接受生活帶來的挑戰。你的成功、失敗、人際關係和所處的環境都跟你的想法和決定有關，你才是決定它們的主要因素。

散發正面魅力，幸福便隨之而來

203

若你散發著愛、純潔和快樂的氣場，幸福
便隨之而來，成功就會降臨。若你散發著仇
恨、不潔和不快樂的氣場，恐懼和不安就會
悄無聲息地降臨。

204

讓自己的心變得寬廣、慈愛和無私，這樣
即使你賺不多錢，你的魅力也會給你帶來
很多機會。但如果心限制在私慾的牢籠
裡，即使你腰纏萬貫，你的成功和影響力
最終也會大打折扣。你必須讓自己由內而
外地發生變化，培養樂觀、無私、堅持不
懈的品質，這會帶來健康、成功和力量。

205

如果你討厭現在的職位，你就不會安心工作，但你仍須細心、勤奮地履行職責，同時抱有美好的理想，想著更好的職位和機遇正等你來；最好還要保持積極樂觀的精神風貌，爭取任何潛在的機會。唯有如此，當機遇到來，當新的職位擺在你面前時，你才有充分的準備。

206

無論你當下的任務是什麼，都要全神貫注地去完成，把所有精力都投入進去。小任務完成得好，才能完成大任務。務必讓自己在穩定中求進取，這樣才不會摔倒。這也是真正的力量形成的過程。

小任務完成得好，才能完成大成就

成功就是
沒有人陪
也會堅持
到底

207

想要獲得戰勝一切的力量，你就必須鍛鍊自己鎮靜的心態和忍耐力，而且要能夠獨立。如果你能做到堅定不移，就能夠產生極其強大的力量。橡樹在遭受狂風暴雨時，會展示出平日裡察覺不出的力量，因為它們能在惡劣的環境中保持挺立。

相比之下，彎曲的嫩枝、搖動的蘆葦則失去了平日的光彩，它們會隨著外界的變化而變化，不具備獨立性，環境一改變就無法生存。

208

一個有力量的人在所有同伴都被某種情感左右時，仍然能保持鎮靜、毫不動搖，那麼他就會脫穎而出，成為指揮、帶領他人的人。

209

歇斯底里、憂心忡忡和輕浮草率的人都需要同伴，因為沒有同伴的支持，他們會倒下；而鎮靜、無畏和堅定的人，則可以獨處。他們可以獨自去探索森林、沙漠和高山，這樣他們能夠獲得更大的自信，進而在自己的領域中獲取更大的成功。

狂風暴雨下的岩石更具力量

210

激情並不是真正的力量，它是短暫易逝的。
如果把激情比作狂風暴雨，真正的力量更
像是風雨中的岩石，因為它從始至終都保
持沉默、巋然不動。

211

馬丁‧路德不顧朋友們的勸阻，不顧自身的安危，毅然決然地去沃爾姆斯，他還對朋友們說：「即使沃爾姆斯的魔鬼像屋頂上的瓦一樣多，我也願意去。」這便是真實的力量。本傑明‧迪斯雷利在一次會議的講話中出了醜，引起眾多議員的嘲笑，但他在那一刻十分鎮靜，他擲地有聲地回應道：「總有一天，你們會因為聽我的演講而感到榮幸無比。」我認識一個年輕人，他連續遭遇了挫折和不幸，還受到朋友們的嘲笑。朋友們甚至勸他放棄無謂的努力，他回答說：「過不了多久，

你們一定會為我的成功感到驚奇。」之後他的確證實了自己所說的話，他所擁有的靜默和堅定的力量，讓他戰勝了無數艱難困苦，取得了不可思議的成功。

如果你不具備這種力量，也許可以通過練習獲得，一旦你開始積蓄這種力量，智慧之門也將打開。你必須遠離那些無意義的小事，因為這些小事才是導致你分散精力、走向失敗的原因。

遠離使你分散精力無意義的小事

212

漫無目的地閒談、造謠中傷、傳播小道消息，以及挑撥離間，所有這些瑣事都必須放在一邊，因為這些事情都會浪費你寶貴的時間和精力。

當你不再受這些分散精力的瑣事影響時，你才能明白什麼是真正的力量。然後，你將能與自己根深蒂固的慾望與習慣做鬥爭，掃清讓你獲得進一步發展的障礙。

心緒飄忽
不定的人，
各方面都
不會穩定

213

首先你要制定明確的目標，這個目標必須是正向的，而且要有意義。接下來便是全力以赴、不受任何事情干擾地去做。心緒飄忽不定的人，各方面都不會穩定，這個事實該牢記。

214

人要渴望學習，但不要輕易向別人祈求什麼，只有親身經歷的事情才能轉化為經驗。所以，你應當透徹了解自己的工作，讓它真正成為自己分內的事情，而不是以打工者的心態去做事情。工作時，要永遠遵循內心的指南，遵循客觀規律，如此你就會從一個勝利走向另一個勝利，並逐步到達更高的目標，你的前景也就會越來越廣闊。

215

學會自我淨化，健康就會屬於你；學會堅定信念，成功就會屬於你；學會自我管理，權力也會找到你。這是生命中的一種必然規律，順應它就能獲取相應的果實。

總而言之，保持純潔的心靈和清晰的頭腦，就是健康的祕訣；保持堅定的信念並持續性地努力，就是成功的祕訣；培養堅強的意志並控制住慾望的野馬，就是權力的祕訣。

超越自私，才會擁有幸福

幸福與金錢沒有必然的聯繫

216

每個人都希望獲得幸福，在大多數人的眼中，幸福取決於金錢的多少。於是，絕大多數人都渴望變成富有的人，他們相信金錢會帶來強烈的、持久的幸福。

但對於有錢人來說，當他們滿足了自己的各種慾望和興趣以後，會體會到空虛和無意義之感帶來的痛苦，他們的幸福指數甚至不如窮人。

如果我們思考一下，不難看到真相，那就是幸福與金錢沒有必然的聯繫——有錢人不一定幸福，而窮苦的人不一定痛苦。因為如果幸福和錢財成正比，應該越富有的人越幸福，而越窮的人越痛苦。但事實並非如此。在我認識的人中，最可憐的莫過於被財富和奢侈的生活耍得團團轉的人；而最幸福快樂的人，反而是那些僅擁有基本生活必需品但懂得知足的人。

許多已經積累了足夠財富的人承認，在獲得財富的同時，一種自私的滿足感已經奪走了他們生活中的甜蜜，自己再也沒有貧窮時那樣開心了。

幸福
不止於
滿足慾望

217

什麼是幸福，如何才能得到幸福呢？難道幸福是虛幻的錯覺，只有經歷長期的痛苦之後才能夠換來幸福？認真觀察思考以後，我們會發現，除了真正有智慧的人以外，大多數人對於幸福的理解停留在「滿足某種慾望」的層面上。

正是這種無知的理念，加上不斷用自私、偏執的信念去尋找幸福，才造成了世人的痛苦。

218

一部分人明白自私是一切不快樂的源泉，但他們往往又會錯誤地認為：自私的都是別人，而不是自己。

如果你了解到所有的不快樂都是自私的結果，那你離幸福之門就不遠了，但只要你還認為是別人的自私剝奪了你的快樂，你就仍然會待在自己創造的牢籠裡，繼續在那裡做囚徒。

慾望如海水越喝越渴，讓人躁動不安

219

其實，幸福是完全滿足的一種內心狀態，
這種滿足超越了慾望，是征服種種慾望之
後的平和與淡然。為了滿足某種慾望而得
來的，只是短暫、虛幻的幸福，因為一個
欲望後面總會跟著另外一個更大的慾望。

越是看淡自我，越是接近幸福

220

自我是盲目的，沒有理性判斷，沒有正確的目標，就會導致痛苦。而正確的領悟、公正的判斷和正確的目標，是智者才會擁有的狀態。

只有達到這種意識狀態，你才會明白什麼是真正的幸福。

221

如果你自私自利，執著於滿足慾望，幸福就
會離你越來越遠，所收穫的只能是苦難的果
實；如果你能在服務於他人的同時遺忘自
我，幸福就會來到你身邊，所收穫的也將會
是幸福的果實。

222

依附自我，你就會依附悲痛；放棄自我，你
就會感受到平和。自我本身就是一個虛幻的
概念，執著於滿足自我的感覺會與幸福漸行
漸遠。

223

對於貪婪的人來說，四處尋找美食，也無法滿足日益增大的胃口；對於抑鬱症患者來說，四處品嘗美食，也無法感到心情舒暢。因此，美食並不是幸福的關鍵因素。

明白了這一點，人就能控制住自己的胃口，從此再也不會四處尋求美食，而且再也不想滿足味覺的快樂，這樣便能在粗茶淡飯中找到簡單的喜悅。

沒有捨，便沒有得

224

當你不再自私，願意放棄自己的慾望時，幸福將會來到你身邊。總有一天你會發現，原來看似對你非常殘忍的損失，最終將成為你極大的收穫。

225

沒有捨，便沒有得。緊緊握住一切痛苦的來源
的人，一定要學會放棄，這就是生活之路。

226

如果你回顧一下自己的生活，會發現最幸
福的時刻是你說一些寬慰別人的話或做一
些獻出自己愛心的事情，讓別人感到快樂
的時候。從這個角度來說，幸福與奉獻便
是同義詞。

幸福與奉獻是同義詞

227

眾人皆忙碌地四處奔走，盲目地尋找著幸福，卻怎麼也找不到，因為當他們自私地搜尋幸福時，已經把幸福關在了門外。其實幸福一直都在人們心中。

228

付出便是得到，這是一種自然規律。愛別人
的人，自然也會得到別人的愛。相反，如果
一個人自私、吝嗇或者不願付出，那麼他如
何收穫愛和幸福呢？

因為認識到放下自我是博愛的前提，所以當
我們在音樂、藝術中忘卻自我時，便能體會
到幸福。

229

犧牲了個人的利益和暫時的享樂，你就會馬上進入客觀和永恆的境界。放棄狹隘局促的自我，不要力求讓一切都服從於自己膚淺的利益，你將會變得博愛、幸福。

如果你還未找到這無限的幸福，可以給自己定一個崇高的理想，堅持給予無私的愛和奉獻，並朝著它努力，就能把它變為現實。

給自己
定一個
崇高的理想

給予必須發自內心，不帶任何要求回報的企圖

230

當你超越卑鄙的自我，打破束縛自己的一個又一個枷鎖時，你就會享受奉獻的快樂，感受到與貪婪、痛苦截然不同的美好品質──愛和光明。這些都是來自你的內心。然後，你才會明白「給予的確比索取幸福」。

但是，給予必須發自內心，不帶有任何自我私慾的汙點，不帶任何要求回報的企圖。如果你給予後仍然覺得自己受到了傷害，那是因為你沒有受到感謝和誇讚，此刻你就知道你受傷不是因為給予，而是因為你仍貪圖回報，是貪心讓你不快樂。

231

永遠提防自私，認真地學習放下小我這神聖
的一課，你就會登上幸福的最高峰，而且永
遠散發著愛的光芒，沐浴在光明之中。

232

只有做到誠實正直、坦率真誠、慷慨守信、寬容無私，你才能真正走向成功。因為成功和幸福一樣，並不是外在物質的佔有，而是內在實現。

233

貪婪的人可能會成為百萬富翁，但他的內心永遠都處在卑劣、吝嗇和貧窮的狀態之中。不論他多麼富有，都無然消除內心的貧瘠感；儘管有的人沒有那麼多財富，但是正直、慷慨、包容和無私的品質會讓他品嘗到成功和勝利的喜悅。

奉獻時
忘記自己，
就是
幸福的秘訣

234

一個人心中充斥不滿，就會永遠貧窮；如果
能知足常樂，就會富有。如果在知足常樂的
同時，還能慷慨付出自己擁有的東西，這樣
的人就更加富有。

235

與整個世界相比，人們盲目追求的一些財
富、地位微乎其微。這樣的事實讓我們看到
了自身的渺小和無知，這樣的追求其實就是
自我毀滅。

競爭致使成功變質

236

大自然毫無保留地給予人們一切，其實它什麼也沒有失去。但人類若想貪婪地抓住大自然的一切，就會失去一切。

237

如果你沒有意識到成功的真正含義，可能會效仿大多數人的做法——競爭。但爭名逐利會讓成功的性質發生改變，請不要讓「競爭」這個詞動搖你至高無上的正義信念。

238

可能有人會提到「優勝劣汰」，但是不懷好意地去攀比、打擊別人的人，遲早有一天會走向失敗。而正直的人可能會暫時吃虧，但最終會因為贏得人心而獲得成功，這才是不變的規律。

了解這一點，人們可以認真地反省所有不誠實的行為。因為如果一個人不誠實，等待他的便是失信與毀滅。在任何情況下，都要去做你認為正確的事情，並相信這個規律——正義與公道絕對不會拋棄你，你永遠都會受它保護。

有了這樣的認知，你所有的損失都會變成收益，所有的威脅、詛咒都會變成祝福。千萬不要放棄誠實、慷慨和愛，因為這些品質加上行動的力量，會給你帶來真正的成功。

正義
與公道
永遠都會
保護我們

239

當有人告訴你始終要把自我放在第一位，然後才是別人時，不要理會他。因為想著這一點的人，根本不會想到別人，他只想著自己舒服而已。

在現實中，把自我放在第一位的人，將會迎來被所有人都拋棄的那一天。當他在孤寂和痛苦中大喊大叫時，沒有人會聽到並且去幫助他。不考慮別人，先考慮自己，就是在限制、歪曲和阻礙內在的高尚品德。

240

讓你的心胸變得寬廣，用愛和慷慨對待他人，你的快樂就會巨大而持久，成功將永遠站在你這一邊。那些離開正義之路的人，不得不常常提醒自己要提防競爭對手的陷害；而那些始終堅持正義的人，因為品行端正，從來不會擔心受怕。

241

在面臨競爭時，有人憑借誠實和信念的力量，絲毫不懼，穩步上升，最終走向成功。反觀那些企圖在競爭中使用各種手段打壓別人的人，最後會落得一敗塗地。

242

只有具備善良的內在品質，才能抵禦一切邪惡力量，獲得堅不可摧的成功，擁有持久的幸福。

冥想是通向精神自由必經之路

精神上的自由，來源於思想上的自律

243

冥想是通向精神自由的必經之路。它是一架
神聖的梯子，能讓人們從地獄走向天堂，從
錯誤走向真理，從痛苦走向平靜安寧。每一
個聖人都曾攀爬過它，每一個罪人遲早也要
通過它才能得到救贖，每一個疲憊的人想要
超越自我和世俗找到自己心中的幸福，必須
牢牢地踩著冥想這個閃著金色光芒的階梯。
沒有冥想的幫助，你不可能進入一種覺醒的
狀態。

244

冥想就是把思想高度地集中於一個對象，例如一個念頭或某種問題，其目的就是要徹底地理解它。無論你冥想的對象是什麼，只要你能夠持之以恆地對其進行，你不僅能夠增進對它的理解，同時會變得與之越來越貼近，因為它將成為你的精神世界中不可分離的一部分。倘若你一直都把思想停留在自私與卑鄙上面，那麼你最終一定會變得自私與卑鄙；與此相對的是，倘若你一直都把思想集中在純粹與無私上面，那麼你最終肯定能夠成為一個純潔、無私的人。

冥想帶領你接近真理

245

告訴我你內心最常想到的是什麼。在你默想的時候,你的靈魂大都本能地偏向這些地方。然後,我將能夠告訴你,你即將面對痛苦還是幸福,或者你會成為一個高尚、聖潔的人還是一個低劣、邪惡的人。

246

冥想的對象應該是高貴的，而不是低俗的，
因為這樣，每進行一次冥想，你的優良品質
就能得到一次加固和提升。另外，你的冥想
應該是純粹的，不應該混合任何自私元素。
這樣一來，你的心靈將得到淨化，你也將更
能接近真理的本來面貌，從而避免誤入歧
途，犯下令自己追悔莫及的錯誤。

247

我現在所探討的冥想，指的是精神意義上的
冥想，是所有精神生活得以昇華和知識得以
拓展的祕訣所在。每一位先知、聖人之所以
能為聖，所依靠的就是冥想的力量。

聖人
皆依靠
冥想的力量

通過冥想
獲得的真理
定為
最高目標

248

只進行單純的請願式的祈禱而沒有冥想實踐
的人如同一具沒有靈魂的軀殼。這樣的人絲
毫沒有力量去昇華自己的精神境界，也完全
不可能讓自己的心靈戰勝罪惡、撫平傷痛。
倘若你每天都在祈求智慧、平靜、純潔和真
理，然而這些卻仍拒你於之千里之外，那麼
就意味著你的思想和行為並不完全一致。

如果你想改變這樣的狀況，就不要僅僅停留
在簡單的幻想之中。如果你不再請求上天給
予你不值得擁有的饋贈，而是專注於思考和
行動，那麼你將會不斷成長，最終實現心中
的理想。

249

一個人要確保任何世俗的利益，都必須樂意為自己的目標努力奮鬥。而那些遊手好閒，覺得自己不需要付出任何勞動，只需提出要求就能夠如願以償的人，的的確確是愚蠢的。不要徒勞地想象自己不需要付出任何努力就能得到從天而降的財富。一旦你開始認真工作，麵包就會產生。當你依靠堅持不懈和無怨無悔的努力獲得了精神上的富足時，沒有人能阻止你得到自己想要的。

250

如果你真的只是在尋求真理，並不是為了滿足自己的私慾，如果你愛它超過所有世俗的快樂，甚至如果你愛它遠遠超過自己，你將會擁有源源不斷的動力。

251

如果你想脫離罪惡和悲傷，如果你想讓心靈變得美麗、純潔，如果你想擁有智慧和學識，並進入到深刻而持久的平和狀態，那麼請你現在就走上冥想的道路，把通過冥想獲得真理定為你的最高目標。

冥想
即為探索

252

必須將冥想與空想區別開來，冥想與不切實
際的空想毫不相關。它是一個探索的過程，
是一種除了簡單和赤裸裸的真理，對其他任
何思想都毫不妥協的思想。

253

冥想讓你不再對重塑自我抱有偏見，你會完全忘卻自我，只記得自己是在尋求真理。你將能一點一點刪除那些在過去所犯下的錯誤，耐心地在追求真理的道路上孜孜以求。當真理的啟示被揭示之時，你的錯誤就在這個過程中被充分除去了。

在靜謐的內心世界裡，你將會發現：「真理一直存在於我們心中，我們一直擁有清晰地感知真理的能力。但是，充滿各種誘惑和偏見的世俗生活如同一扇百葉窗，它會遮擋真理的陽光，使我們看不清真相，從而誤入歧途。」但你要知道的是，只要你調整了百葉窗的葉片角度，陽光便會照射進來。

254

選擇一天中的部分時間來沉思，並堅持一段
時間專注於你的目標。一天當中進行冥想的
最佳時間，應當是清晨。因為在這個時間，
你的精神和萬事萬物一同甦醒過來，所有
的自然條件都對你十分有利；經過一整晚的
休息，你的體力得到恢復，你的心境變得柔
和，前一天的興奮和憂慮隨之消散，此時強
大而平靜的心靈最容易接受冥想的指導。

調整百葉窗的角度，陽光便會照射進來

精神上的覺醒，也是頭腦和身體的覺醒

255

精神上的覺醒，也是頭腦的覺醒和身體的覺
醒。懶惰和自我放縱的人永遠也無法認識到
真理。一個人雖然擁有健康的身體及充沛的
精力，但倘若只是把安寧、寶貴的清晨時光
都用於睡覺，那麼他根本就無法攀登人生的
高峰。

事實上，當你進入冥想時，你要做出的第
一個努力，就是要擺脫嗜睡和放縱。如果拒
絕，你將無法前進，因為滿足精神需求是必
要的。

冥想和自律密不可分

256

意識的覺醒已成為一個人能否變得高尚的因素。誰能夠盡早擺脫無知，打破這無知、黑暗的籠罩，全心全力地和黑暗搏鬥，就能實現獲得光明的願望。

257

沒有一位聖人、一位賢哲、一位真理的導師是沒有早起習慣的。耶穌習慣早起爬上高山參加聖餐，佛陀總是在太陽升起前一個小時醒來開始冥想。

如果你不得不在清晨就開始做自己的本職工作，因而無法把這段寶貴時光用來進行系統性的冥想，那麼試試在晚上抽出一小時的時間。哪怕你的日常工作是長時間和高強度的，也千萬不要為此感到無望，因為你完全可以在工作的間隙來進行冥想。著名的哲學家伯麥正是在當鞋匠的時候一邊做鞋，一邊堅持冥想，才意識到淵博的知識是多麼神聖。可見，忙碌、辛苦的工作都無法將你關在冥想的大門外。

258

精神上的冥想和自律是密不可分的，你會因此開始思考自我，嘗試了解自己，把徹底清除自己的錯誤和揭示真相作為一個要努力達到的目標。你會開始質疑自己的動機、思想及行為，然後把它們與你的遠大理想做比較，努力地想要以一種冷靜和公正的眼光看待它們。借助這種方式，你將不斷獲得更多心理上和精神上的平衡，從而開始變得敏銳，不再對自己和他人的行為過分苛責，隨後你會沉浸在愛、溫和與寬恕的思想中。

冥想帶來的平靜，將成為你的休憩之所

259

當你從較低的思想境界進入較高的思想境界時，你會逐步地進入知識的殿堂。因此，每一個錯誤，每一個自私的慾望，每一個人類的弱點，都可以用冥想的力量去克服。每種罪、每個錯誤都會變成改變的推力，最後，更清晰的真理之光將照亮思想者的靈魂。

260

通過冥想，你將戰勝自己唯一真正的敵人
——自私和墮落，不斷強化自身，建立起越來
越牢固的、神聖的以及與真理不可分割的自
我。它帶來的平靜精神力量將成為你努力奮
鬥的休憩之所。在冥想的過程中，一點一點累
積的力量和知識將會豐富你的心靈，並將你
從暫時的衝突、悲傷或誘惑中拯救出來。

261

通過冥想，你的智慧會不斷增長，你會放棄越來越多那些多變且無常的自私慾望，能夠越來越多地減少悲傷和痛苦，會越來越堅定地相信不可變更的定律，從而獲得心靈的平和。

262

讓冥想帶著你超脫已形成的定勢思維，記住，你的目標是成長為一個堅定不移的真理主義者。如果你是一個正直的人，試著不斷冥想聖人和智者那一塵不染的純潔、神聖以及卓越的人格，並將他的每一個教誨用來武裝內在的思想和指導外在的行為，這樣你將越來越接近完美的人格。

冥想能超脫成形的定勢思維

263

執著於特定的教條，只會繼續無休止地產生罪惡和痛苦。通過冥想的力量，努力克服一切自私自利，一改自己對一切都漠不關心的不良習慣，打破毫無生氣的條條框框，才能行走在智慧的高速路上。心繫完美無缺的真理，你就會與真理愈來愈近。

不要像有些人一樣，拒絕思考真理的定律，拒絕將戒律付諸實踐，否則，將只是一種形式上的崇拜。

264

只有專注於沉思的人才能最先感知到真理的存在，同時，只有真正的實幹家才能掌握真理。只在心中想想，真相永遠只能停留在知覺上，要使真理變為現實只能通過實踐。

唯有實踐，能使真理變為現實

265

佛陀釋迦牟尼稱：「飽食終日，無所事事，根本不進行冥想的人，已經忘卻了人生的真正意義和歡樂。總有一天，他們會嫉妒那些能夠靜下心來冥想的人。」釋迦牟尼曾以下面的「五大冥想」來教導他的弟子們：

「第一大冥想，就是對愛的冥想。在這個過程中，你端正了自己的心態，關心一切眾生（包括敵人）的疾苦和福祉。」

「第二大冥想，就是對慈悲的冥想。在這個過程中，你想到了所有人所遭受的苦難，在想象中生動地感受了他們的痛苦和焦慮，從而激起對他們的深刻同情。」

「第三大冥想，就是對歡樂的冥想。在這個過程中，你想到了其他人所過的紅火日子，看到其他人充滿歡樂，你內心也能夠感到十分歡樂。」

「第四大冥想，就是對不純潔的冥想。在這個過程中，你認識到了種種罪行的危害，以及罪惡與疾病的可怕後果，並願意改過自新。」

「第五大冥想，就是對寧靜、安詳的冥想。在這個過程中，你超越了個人的愛與仇恨、專制與壓迫、財富與欲望……以一種完美的平靜心態來看待自己的命運。」

佛陀的弟子們正是依靠這五大冥想，達到了真正參透世事的目的。然而，只要你把真理設定為目標，只要你一心渴望得到一顆正直的心和一個完美的人生，那麼你是否進行上述沉思已無關緊要了。

因此，你在冥想的過程中，更重要的是讓自己的心靈在愛的光芒的照耀下得到昇華，直至能夠擺脫所有的仇恨，不被情緒左右，不怨天尤人。

向萬物敞開心扉，心靈將得到淨化

266

你應當用廣博的愛心去擁抱整個宇宙。如同花兒綻開花瓣迎接晨光一般，當你越來越多地向所有生靈敞開你的心扉，你的心靈將能得到淨化，生命將會得到昇華。這一切都取決於你，你應當無所畏懼，大膽地去相信：相信自己可以成為一個平易近人的人，相信自己可以擁有純潔無瑕的人生，相信完美神聖的人生目標可以實現，相信至高無上的真理可以被認知……相信這些的人，能夠快速登上人生的高峰；而那些不相信的人，則只能在大霧瀰漫的山谷中痛苦地摸索。

突破自我，才會洞徹真理

267

在人們的生命中，有兩位「君主」在永不停歇地爭奪著，它們爭奪的對象便是精神世界的統治權。一位君主是自我，另一位君主則是真理。自我這位君主難以控制，它的武器是變化無常、傲慢、貪婪、虛榮、任性，以及製造黑暗；真理這位君主則和藹可親，它與自我正好相反，它源源不斷地帶來溫柔、耐心、純潔、奉獻、謙卑、關愛，以及光明。

268

相信著、尋求著、冥想著，愛與平和將成為你生活的主旋律，你的內心世界將變得美麗無限。物質世界的所有東西都將消逝，萬事萬物都在不斷更新。這個簡單的道理，對於人們的眼睛來說是如此難以看清，只有對真理有著孜孜不倦的探索，才能夠認真將這個規律刻在心上。倘若你能理解這個規律的奧義，一個嶄新的精神世界就會在你面前展現。屆時，時間將凝固不變，你將生活在永恆的平和之中。未知和死亡再也不能讓你憂心如焚、悲痛難抑，你的精神會不朽。

269

在每一個人的內心世界裡，戰爭是不可避免的，而士兵絕不可能同時加入到兩支敵對的部隊，因此每一顆心不是加入到自我的行列之中，就是加入到真理的行列之中。不存在一半的心屬於自我，而另一半的心屬於真理的情況。

你無法既
追隨真理，
又追隨慾望

270

「自我存在著，真理也存在著；在自我佔據統治地位的地方，就不會有真理的立足之地；在真理佔據統治地位的地方，就不會有自我。」釋迦牟尼和耶穌都宣稱：「一個人不能同時侍奉兩位主人；因為他要麼恨這一位而愛另一位，要麼追隨這一位而背叛另一位。你不可能既追隨真理，又追隨慾望。」

對自私的絕對否定是真理的完美狀態

271

真理是如此簡單，絕不會讓人迷失方向，毫無複雜性和曲折性可言。但自我是取巧的，並工於心計，被微妙的慾望統治，會無休無止地生出事端。受自我迷惑的人，會既妄想他們所有世俗的慾望都能夠得到滿足，又能同時擁有真理。然而，熱愛真理、追求真理的人則借助奉獻自我，不斷地保衛心靈不受世俗和自私的腐蝕。

272

你想要了解並擁有真理嗎？如果你願意追尋真理，那麼你必須做好奉獻的準備，最好是與自我完全斷絕關係。因為只有當最後的一點自私也消失時，真理本身的光芒才能被感知和了解。

273

你願意拋棄自私，放棄你的慾望、你的偏見、你的傲慢嗎？如果你願意，你將踏上真理的道路，最終找到徹底的平和。對自私的絕對否定和完全拋棄就是真理的完美狀態，所有的宗教和哲學都是達到這一最高目標的輔助手段。

自我是對
真理的否定，
真理又是
對自我的
否定

274

自我是對真理的否定，真理又是對自我的否定。當你的自私消亡時，你將會在真理的道路上獲得新生。當你只知堅持自我時，真理便會離你而去。

真理是宇宙間的一種現實，一種內在的和諧，一種完美的正義，一種永恆的愛。真理不需要附加什麼，也不能被剝離什麼。它不依靠任何人，但是所有的人都需要依靠它。當你透過自我的雙眼看待這個世界時，你無法感知到真理的存在。如果你愛慕虛榮，虛榮心會促使你粉飾一切。

275

如果你貪得無厭，你就會被慾望的火焰包圍，你眼中的一切都會因為它們而被扭曲。如果你是驕傲和武斷的，在整個宇宙中，你將什麼也看不見，認為只有自己的意見才是最重要的和真正有分量的。

有一種品質能夠將追隨真理者與追隨自我者完全區分開來，那就是謙遜。沒有任何虛榮、固執與自私，這種品質便是謙遜。

世界上只有
一種宗教，
那就是
真理；
只存在一種
錯誤，
那就是自私

276

那些處處以自我為主的人，總認為自己的觀點是正確的，而將其他人的觀點都看作錯誤的。謙卑的熱愛真理者會學習區分是非，總是用慈愛的眼光去看待一切人，從不苛求捍衛自己的觀點，即使做出犧牲，也只是因為隨順他人，

這就是一種真理精神的體現，因為真理的本質難以用言語表明，只能徜徉其中才能體會。擁有更多愛心的人就會擁有更多真理。

277

許多人熱衷於同他人進行激烈的爭論，並且愚蠢地認為，自己這麼做是在捍衛真理。而實際上，他們的所作所為，僅僅是在維護他們自己的小利益和不堪一擊的觀點。

278

真理，是不可更改且永恆的，是獨立於我們意識之外的。我們有可能揭示真理，也有可能徘徊在真理的大門外。但如果我們對真理採取防禦和攻擊的態度，結果只能是自取其辱。

追隨自我
的人，
攻擊別人；
追隨真理
的人，
反對自私。

279

人們受自我、情緒、驕傲和偏見的局限，只相信自己的觀點和信仰才是真理，而其他所有的觀點和信仰都是錯誤的，甚至會熱情高漲地試圖改變其他人的信仰。事實上，世界上只有一種宗教，那就是真理；只存在一種錯誤，那就是過於自我。真理並非一種迷信，它是一顆無私的、神聖的、有著崇高追求的心。誰能夠平等地看待萬事萬物，珍惜所有慈愛的想法，誰心中就掌握了真理。

尋找真理
的道路，
就是告別
追逐私利
的過程

280

如果你能夠靜下心來，認真地反省你的思想、行為和心靈，你可能很容易地就能知道自己究竟是一位真理的追隨者，還是一位自我的追隨者。

你的內心是一直心藏懷疑、仇恨、嫉妒、慾望、傲慢的情緒，還是在不斷地同它們做鬥爭呢？如果是前者，無論你信仰的是何種宗教，你都給自己套上了自私的枷鎖；如果是後者，儘管你對外宣稱自己並不信仰任何宗教，但無疑你是真理的追隨者。

281

你是生性急躁、固執己見、急功近利、自我
放縱、處處以自我為中心,還是和藹可親、
大公無私、淡泊名利、自我克制,為了他人
的利益甚至不惜自我犧牲呢?如果是前者,
那麼自我就成了你的主人;如果是後者,那
麼真理才是你的心之所愛。

282

你在為物質財富而疲於奔命嗎？你在熱血沸騰地為自己的黨派利益而鬥爭嗎？你對權力和地位充滿慾望嗎？你沉迷於自我炫耀和自吹自擂嗎？或者你放棄對名利無休止的追求了嗎？你跳出與人爭執不休的怪圈了嗎？你滿足於身處卑微之位，不被他人注目嗎？你已不再自我吹噓、驕傲自負了嗎？從這些問題之中，想必你已經清楚地認識到「自我」與「真理」這兩位君主誰更佔上風了。

283

倘若人們迷失在黑暗與自私的迷宮，便會設立一些標準來相互評判，並固執己見，各自認定自己的信仰就是真理。於是人類分裂為一個一個的幫派，人與人之間只會相互鬥爭，敵對與衝突綿延不斷，並且造成無盡的悲傷和痛苦。

你確定要追尋真理嗎？如果你回答是，只有讓自我沒有生存之地才能實現這個目標。將那些習以為常的慾望、意見和偏見扔掉，讓它們不再把你束縛，那麼接下來真理將會逐漸展露。

284

不要再認為自己信仰的宗教比其他人所信仰的宗教都優越，同時應該以謙虛的態度，努力學習好仁慈這一課。不再保持這個想法，不再認為自己所敬仰的救世主是唯一的救世主，而其他眾生以同等的真誠和熱情所敬仰的救世主只是偽救世主；應該努力地尋找真理的道路，隨後你就會意識到，每一位聖者都是人們的引路者。

285

放棄自我不僅是和外在的物質財富脫離關係，它還包括放棄內心的罪惡與錯誤。不能依靠扔掉閒置的衣服，放棄某些物質財富，禁吃某種食品，也不能僅僅依靠說些文雅的語言。

如果只是停留在這樣的地步，你就不可能發現真理。要想發現真理，就必須通過放棄自己的虛榮心，消除對金錢貪得無厭的慾望，嚴於律己，不自我放縱，拋棄所有仇恨、鬥爭、譴責和自私，成為一個內心善良、純潔無瑕的人。

不再認為
自己信仰
的宗教
比其他
宗教要還
優越

286

不從內心入手，是虛偽的形式主義，因為你的內心已經決定了你的言行。你可以躲開紛紛擾擾的外部世界，獨自一人生活在一個山洞裡，或者生活在一望無際的森林深處，但追逐私利的自我仍然會隨你而至，除非你依靠不斷的努力與它告別，否則只會陷入巨大的不幸和深切的妄想中。

287

你可能會一直待在一個喧鬧的地方，並不是一個人躲在偏僻之處，但如果你仍履行職責，並消滅了內在的敵人，那你就是勝利者。生活在這個世界中，卻又能超脫這個世界，這才是最高的境界、最偉大的勝利。尋找真理的道路，就是告別追逐私利的自我的過程。

不能正確地
看待事物，
所見只是
自己的錯覺

288

倘若你成功地克服追名逐利的自我，那麼你將能夠正確地看待一切事物之間的關係，在你的眼中，這個宇宙有一種完美的秩序。一個人以自己的情緒、偏見、個人好惡這些特定的標準來判斷一切事物，那麼他將不能正確地看待事物，所看到的只是自己的錯覺。

289

一個人倘若能不以自己的情緒、偏見、個人好惡及偏袒為依據來判斷世間萬物，那麼他就能夠看到真實的自己，也能夠看到真實的他人；此外，他還能夠適當地認識事物並正確判斷事物之間的關係。

290

一個人若沒什麼可攻擊的，沒什麼可防守的，沒什麼可隱瞞的，也沒有什麼利益需要維護的，那麼這個人已經實現了心境上的寧靜。因為他毫無偏見，寧靜、幸福的心境和狀態正是真理的狀態，因此可以說，他已經發現了真理的簡單之處。

291

一個人倘若了解偉大的定律，了解悲傷的根源，了解痛苦的祕密，了解掌握真理的途徑，那麼他怎麼也不會捲入與他人的鬥爭和衝突之中。他不僅知道人們依舊盲目、利己、被自己的偏見所包圍，處在自我的錯誤和黑暗之中，無法察覺到堅定的真理之光，也完全無法理解心靈原本的質樸，而且知道依舊有人會在經歷悲傷、痛苦、絕望之後幡然醒悟，每一個徘徊於真理之外的浪子最終會回到真理的懷抱。於是他會用善意看待這個世界，憐憫所有人，就如同一位父親對待自己任性不已的孩子。

自我，只是一種錯覺

292

只要固守自我，就沒有辦法理解真理。因為人們只相信自我，熱衷於自我。人們相信自我是唯一的現實，而這恰恰只是一種錯覺。當你不再相信和熱衷於自我時，你就能夠拋棄它，並且能夠向著真理飛翔，找到永恆的真理。

293

人們陶醉於奢華、享樂和虛榮，對這些享受的沉迷讓其渴望更長久的生命，希望能享受到更多，幻想自己能夠長生不老。

俗話說，「種瓜得瓜，種豆得豆」，當人們去收穫時，因為未曾播種，接踵而來的總是痛苦與悲傷。隨後，人們從苦難和羞辱中覺醒，痛定思痛，決心清除自我的一切毒素，帶著一顆傷痛的心達到了一種不朽的境界。

所有痛苦
都源於
自我

294

人們需要走過悲傷的黑暗大門，才能從邪惡轉變到善良，從自我轉變到真理，因為悲傷與追逐私利的自我密不可分。只有獲得一種平靜的心境，沐浴著真理之光，才能夠化解內心的悲傷。如果你對自己制訂的計劃已被挫敗，或者某人沒有達到自己的期望而感到痛苦、失望的話，那是因為你以自我為中心。

295

如果你懊悔自己的行為，這是因為你向自我
屈服了。如果你因為別人對自己的態度不好
而憤怒，那麼說明你過分自我。如果你因別
人對你做了些什麼或者對你說了些什麼而感
到受傷，那麼說明你正走在自我的痛苦道路
上。所有的痛苦都來源於自我，只有真理才
能將其終結。倘若已經走在實現真理的道路
上，你將不會再遭受挫折，感到失意、悔恨
和懊惱，就連悲傷也將離你而去。

296

你曾遭受過很多磨難嗎？你的內心曾體會
過深深的悲傷嗎？你認真思考過人生的問題
嗎？如果答案是肯定的，那麼你就在為向你
的自我發動戰爭做準備，而且有朝一日你會
成為一位真理的擁有者。

297

有知識的人認為沒有必要放棄自我，提出諸多
有關宇宙規律的理論，並稱它們為真理；然而
倘若你在追求真理的道路上進行了長期的實
踐，你將了解到宇宙的真相，真理是永遠不可
更改的，整日埋頭於理論是找不到真理的。

心無定力，
人無法前行

298

這個世界充滿了尋求享樂、興奮和新奇刺
激的男女，只有很少一部分人致力於追求寧
靜、穩重與力量。

於是，真正有力量或具有影響力的男人和女
人可謂寥寥無幾，這是因為準備為獲得力量
而做出必要犧牲的人是為數不多，願意耐心
培養自己品性的人也是寥若晨星。

299

你應當陶冶你的情操，把源源不斷的愛與發自內心的深切同情作為聖潔之水，用它不斷地澆灌自己的心田，而且讓它免受任何與愛不和諧的想法與感受的汙染。像聖者一般，以德報怨，用愛撫平恨、用溫柔教化凶惡、用沉默應對無端攻擊。

這樣你會把所有自私的慾望轉化為純金般的愛，自我也將在真理的面前消失得無影無蹤。隨後，你就能夠卸下自私的枷鎖，身披美德的神聖戰衣，心平氣和地生活在人群中，再也不會怨天尤人了。

強者、弱者
的區別
在於
認知狀態

300

被搖擺不定的想法和心血來潮的衝動所左右的人是軟弱無力的。能夠正確地控制及釋放思想和力量的人才是真正強大和有力量的人。慾望強烈的人雖然凶猛，但這種凶猛並不是我們這裡所說的力量。雖然已經具備了力量的元素，然而，只有當這種慾望被更高層次的智慧壓倒時，才會轉變為真正的力量。人只有覺醒達到更高的意識狀態，才能夠真正變得強大。

反省
是獲得
至高能量
的祕訣

301

強者和弱者的區別並不在於外在表現（因為強者時常表現得沉默、呆板），而在於他們各自反映出的認知狀態。

享樂的追求者、興奮的熱衷者、新奇刺激的愛好者，都缺乏平衡、穩定及控制力。

302

一個人力量增強的開始，就是在他反省衝動和自私的時候，能夠用高層次的智慧和冷靜的意識來進行自我控制，用精神原則來穩定自己的情緒。而這正是獲得至高能量的祕訣。在久久追尋、歷經苦難和做出犧牲之後，精神原則的光芒將照亮人的內心世界，隨之而來的是神聖的平靜和難以言喻的喜悅，沁人心脾。

已經意識到這一原則的人，將不再徘徊不定，反而能夠泰然自若、保持沉著。他不再是「情緒的奴隸」，而是命運殿堂的建築師。

303

被自我而不是被精神原支配的人，當他的自我利益受到威脅時，就會改變自己的立場。他暗中圖謀的就是想方設法維護一己之利，並且認為只要能夠達到這一目的，所有手段都是合法的。他不斷策劃只為保護自己的利益不受敵人侵害，變得太過於以自我為中心，以至於覺察不到自己才是自己的敵人。這樣的人所做的事情，根本經不起考驗，因為它脫離了真理和力量。

只有以一種堅不可摧的正義和公道作為出發點，一個人所做的事情才能夠經得起考驗。

304

無論做什麼都能立足於原則的人，在任何情
況下，都能夠無所畏懼，保持寧靜安詳、泰
然自若。當考驗來臨，需要在個人享樂與真
理之間做出抉擇的時候，堅持原則的人總是
能放棄自己舒適和穩定的外在條件，保持堅
定的立場，甚至連嚴刑拷打和死亡都不能改
變和阻止他做出這樣的選擇。

只有以
正義和公道
作為出發點，
事情才能
夠經得起
考驗

做立足於
原則之人

305

追求自我的人會把自己物質財富及個人享樂
方面的損失，或者生命受到威脅，視為自己
生命中最大的災難。堅持原則的人對這些打
擊毫不在意，覺得它們根本無法與品格和真
理的損失相提並論。對他來講，唯一可以稱
得上真正災難的只有真理的匱乏。

關鍵時刻，才能顯出誰是黑暗的奴役，誰是
光明的引導者。當面臨巨大災難、毀滅性的
打擊及生命遇到威脅的危急時刻，誰是追逐
私利的人，誰是堅持真理的人，人們雪亮的
眼睛能將其毫不費力地分辨出來。

以博愛為原則

306

對一些人來說，在平日堅持平和寧靜、平等待人及充滿愛心的原則，這是很容易的，只要能夠讓他的個人享樂不受影響；但是，如果他的個人享樂受到威脅，或者他認為自己的個人享樂將受到影響，那麼他便很有可能訴諸武力。他所表現出來的，便不是立足於平和寧靜、平等待人及充滿愛心的原則，而是根深蒂固、不易察覺的自私。

307

一個人在面臨喪失個人所擁有的全部財物，甚至名譽和生命時，仍然不放棄自己的原則和信仰，那麼他是真正擁有力量的人，是一個言行經受得住時間考驗的人，是一個值得後世敬仰、尊敬和崇拜的人。不要讓自己的內心成為一片缺乏神聖和愛的荒蕪之地。

開啟內在光明和智慧才能真正持守精神原則，除此之外，便無路可走；並且，這些準則只能通過不斷的實踐和應用才能最終具化為現實。

308

博愛是精神原則的其中一種，需要你靜靜地、竭盡所能地思索，直到自己能全面透徹地理解它。你要讓博愛的光芒指引你的習慣、行動、你與他人的交往，以及你每一個無意識的思想與願望。

在堅持這樣做的過程中，博愛將越來越完美地呈現在你面前，相比之下，自身的缺點會愈加明顯，這種明顯的對比將會促使你不斷努力。

保持克制
是力量的
標誌

309

一旦你覺察到博愛無可比擬，你將不再在意自己的脆弱、自私和不完美，而是對那種永恆的原則孜孜以求，直到自己消除了每一個不和諧的元素，並與這種愛完美、和諧地融為一體。

這種與廣博的愛融為一體的內在和諧的狀態，就代表著精神能量。如果你還願意持守其他的精神原則，如純潔或是同情的原則，並以同樣的方式運用它們，那麼你就會一直走在追求真理、淨化心靈的路上，之後你就能夠克制內心種種與純潔及同情格格不入的衝動。

只有認識、理解並堅持這些原則，才能夠獲得精神能量，並且這種能量將通過你自身日益增加的公平、冷靜、耐心的形式體現出來。

310

冷靜被認為是一種優秀的自制力；耐心是一種很崇高的修養；在紛繁複雜的社會中，保持克制也是一種力量的標誌。隨波逐流地生活是比較容易的，但這會讓人走向迷茫，只有能超脫世俗、舉止高潔的人才是真正偉大的人。

311

一些神祕主義者認為，絕對的冷靜是能量之源，所謂的奇跡，也能依靠它被創造出來。的確，能夠處變不驚，完美地控制自己的內在力量，隨時能夠平衡內在力量並加以正確引導的人才是真正偉大的人。

增長自我控制、耐心及平靜方面的能力就是在增強自身的力量與能量，並且只能通過將自己的注意力集中在精神原則上面來得到增長。

以正確無誤的精神原則，作為立足點

312

作為一個蹣跚學步的小孩，你在經過了許多積極行走的嘗試，經歷了無數次的失敗後，才能最終獲得成功。

因此，為實現這一目標，你必須首先嘗試獨自「站立」：依據自己的判斷，忠於自己的良心，追隨自己的內心，抵禦外界的各種誘惑……

雖然會有一些人告訴你這麼做是愚蠢的，依據自己的判斷是錯誤的，你的認知出現偏差；你的內心根本沒有光明，只剩一片黑暗……但是，請不要理睬他們。即便他們所說的是正確的，但是作為一個智慧的追隨者，你也必須通過實踐去檢驗真理，才能有那樣的發現。

因此，請勇敢地追隨自己的內心。有自己的獨立意識才能成為真正的人，否則，只能是一個毫無主見的奴隸。在這過程中，你可能會遇到很多挫折，遭受不少創傷，需要忍受很多痛苦，但請你堅定自己的信念，千萬不要退卻，相信勝利就在前方。

313

尋找一塊基石，即一個正確無誤的精神原則，然後把它作為自己的立足點，穩穩地站在上面。因為腳下有了這塊堅實的基礎，所以你能夠經得起任何自私自利的暴風雨的洗禮。

314

任何一種形式的自私自利都會讓人耗散自己寶貴的能量，讓人變得弱不禁風。在心靈成長的道路上，自私自利的人根本沒有任何前途可言；而無私則能夠讓人達到崇高的精神境界，賦予人無窮的能量。

無私的人將前途似錦、充滿光明。隨著你的精神生活日益充實，你會越來越堅持道德原則，你將變得像那些原則一樣完美無缺，將能夠品嘗它們帶來的甜蜜果實，實現內在精神的永恆不滅。

最偉大的智慧是博愛

315

無私廣博的愛，深藏於每一個人的心中，儘管它時常會被一層堅不可摧的外表遮蓋，但它神聖、純潔無瑕的本性卻永恆不變。它是人們心中的真理，它佔據著至高無上的位置。世間萬物都在發生改變並會最終走向消亡，而只有它是永恆不朽的。

為了追尋這種愛，為了理解和體驗它，你必須靠著極大的毅力與勤奮，培養自己的耐心，保持堅定的信念，因為在讓愛的神聖形象變得光彩奪目之前，你會有一段很漫長的旅程要走。

316

致力於追求並且實現神聖之愛的人，需要在耐心上經受嚴峻的考驗，這是完全必要的。一個沒有耐心的人，怎麼能輕鬆得到真正的智慧和神聖的愛？在前進的過程中，你也許會不時地發現自己所做的一切似乎都是徒勞，全部的努力似乎都要付諸流水。

你的心會不時地染上汙點；或許當想像著經過一番努力，終於可以大功告成之時，卻突然發現自己心目中神聖之愛的完美形象已經被徹底破壞了，而自己必須以過去的辛酸經歷為鑑，一切從頭開始。

但對於堅定不移地追求神聖的愛的人來說，根本不存在所謂真正的失敗。所有的失敗都只是表面現象，並不真實。每一次挫折，每一次跌倒，都是一次學習的機會，一次經驗的獲得，奮鬥者從中可以獲得智慧，從而完成他的崇高目標。

317

我們應該意識到：「如果將我們每一件羞愧的事踩在腳底下，那麼我們的罪惡足可以成為一架攀爬的梯子。」

它能讓我們毫不遲疑地走向神聖的愛。通過失敗，我們能認識到自己的很多不足，因而得到成長，以失敗為墊腳石，我們能走向更高遠的地方。

一旦你將失敗、悲傷與苦難視為能夠告訴自己哪兒是弱點、哪兒做錯以及為何摔跤的良師益友，你就會開始不斷地觀察自己，不斷地自我反省。每一次跌倒，每一次疼痛，都會告訴你應該從什麼地方開始改進，你會在跌倒的地方重新站起來，你會明白自己需要消除心田的雜草，方可走進完美的境界。

羞愧是通往成功的墊腳石

無私的愛，將使你成為不朽者

318

在前進的途中，通過日復一日地克服著內心的自私自利，無私的愛便漸漸地展露在你眼前。當你的耐心和冷靜得到成長，當你不再為一些不順心的事情而怒氣沖沖或者大發脾氣，更大的慾望與偏見也無法再支配你、奴役你，隨後你將認識到自身內在的聖潔已經覺醒，你距離無私的愛將不再遙遠，你可以達到一種十分平靜的心境，你將成為不朽者。

319

神聖的愛之所以能與常人的愛區別開來，最主
要的特點是：神聖的愛沒有任何偏袒。常人的
愛總是局限在一些特定的對象上，而排斥其
他。當這些特定的對象消失後，抱著常人之愛
的人隨之便會陷入深切和巨大的悲哀之中。

追求神聖之愛的人，能夠漸漸地讓他的常人
之愛得以淨化及拓展，直至將所有自私及不
純的因素都燃燒殆盡。到了這個時候，他的
內心就不會再遭受任何痛苦。

常人之愛是
神聖之愛
的前奏，
它使心靈
更貼近現實

320

由於常人的愛是狹隘的，帶有明顯的局限性，而且時常與追逐私利摻和在一起，因此它會給人帶來內心的痛苦。純潔無瑕、毫不利己的愛在任何情況下都不會讓付出了愛的人感到痛苦。

儘管如此，常人之愛卻是走向神聖之愛絕對必要的步驟。沒有充滿最深刻、最強烈的常人之愛的心靈，就還沒有為昇華到神聖之愛做好準備。只有經歷了常人之愛和其所帶來的痛苦，人們才能追尋到神聖之愛並且實現它。

所有的常人之愛都是容易消亡的、不長久
的，就像其所依附的有形體那樣；但有一種
愛是不朽的，這種愛並不拘泥於表面。

所有的常人之愛常被平常人容易產生的憎
恨、惱怒抵消，但有一種愛卻不認為這個世
界存在任何敵對面。它是神聖的，一點也沒
有被追逐私利的自我玷汙，它的光芒普照著
整個世界。

321

眾所周知，天下的母親們用滿腔愛心哺育著自己的孩子，假若幼小的孩子不幸夭折，這位母親會被痛苦、悲傷的河流淹沒。她因失去愛子而流淚，她會為此痛心疾首，因為只有這樣，母親們才會意識到那短暫即逝的歡樂，也才能更加接近永恆和永不磨滅的現實。

我們可以理解，兄弟、姐妹、丈夫、妻子將要忍受深深的痛苦，當他們被自己所鍾愛的有形對象蹂躪時，他們同時會被憂鬱籠罩。他們經歷了這種磨難之後，便可能學會把自己內心的情感轉向整個世界，並從中得到無限的滿足。

愛不會有敵對面

322

就我們所知道的，驕傲自滿者、野心勃勃者及自私自利者會遭遇失敗、羞辱和不幸，會被這些所帶來的痛苦的火焰灼燒。因為只有這樣，他們才會靜下心來，對人生中神祕莫測的事物進行反思；只有這樣，他們的心靈才能變得柔軟、得到淨化，為接受真理做好準備。

323

當痛苦刺貫穿人們的愛心時，當憂鬱、孤
獨和被遺棄籠罩友誼與信任的靈魂時，人
的那顆心就會轉向之前被遮蔽的永恆的愛，
並在它靜靜的平和中找到安息之地。無論
永恆的愛碰到什麼境況，它都不會被痛苦、
憂鬱和不幸裡縛住，也從來不會被遺棄在
黑暗的角落。

學會把
自己內心的
情感轉向
平靜世界

324

榮耀、神聖的愛，只有在經受過悲傷洗禮後的心中才能得以顯現；夢幻的天堂景象，只有當毫無生氣、無形累積的無知與自私被清除之後，才能被感知和意識到。

只有那種不尋求任何個人滿足及回報，不帶任何偏見，不給任何人留下心痛的愛，才能稱為神聖的愛。

325

那些依附於自我和享樂的人，整日生活在邪惡的陰影中的人，習慣了神聖的愛是屬於遙不可及的聖人的思維的人，對他們來說這種愛可望而不可即，他們覺得這不是自己的事，因此永遠都會停留在自身之外。

實際上，對追逐私利的自我來講，寬廣博大的愛永遠都是可望而不可即的，但當心靈清空了自私時，無私的愛，這樣至高無上的愛，便能夠真正在人的內心實現。

326

神聖的愛的內在現實化，與人們經常掛在嘴邊，卻並不真正理解的耶穌之愛的現實化毫無二致。這種愛不僅能把人的心靈從罪惡的深淵拯救出來，而且也使人的心靈具有抵禦各種誘惑的力量。

但有多少人能達到這一崇高的現實？真理會告訴你答案就是給予，並向你提出這樣一個要求——「清空自身，用愛來填滿。」

但當心靈
清空自私，
便能成就
神聖

327

神聖的愛直到自我消亡不能被感知，因為自
我是對這種愛的否定，出於自我而採取的行
動又怎麼能不是對這種愛的否定呢？將自我
從靈魂中清除，就像不朽的耶穌一樣，懷抱
純粹的愛的精神，哪怕被永久地釘在十字架
上死去並埋葬，也能充滿尊嚴地重生。

你可能相信《聖經》中的耶穌是先死亡而後
又重生的。但是，如果你拒絕相信愛的精神
被釘死在你私慾的黑色十字架上，我將會
告訴你，你完全錯了，不僅不能感知耶穌的
愛，甚至只會越來越遠離。

328

如果你說你在耶穌的愛中得到了救贖，那麼你將自己從壞脾氣、易怒、虛榮心、個人好惡、偏見和喜歡譴責別人的這些自我中解救出來了嗎？如果沒有，你如何能拯救自我，如何能意識到怎樣向耶穌的愛轉變？

能夠意識到神聖的愛的人，就能成為一個全新的人，也將不再是為昔日追逐私利的自我所左右的人，而是作為一位富有耐心、品性純潔、能夠自我約束、慈善為懷、和藹可親，甚至被人們所熟知的人。

329

神聖或無私的愛，不僅是一種情操或感情，還是一種智慧狀態。進入這種狀態的人可以摧毀邪惡的統治和信念，使自己的靈魂變得高尚。在神聖的智者眼中，智慧與愛是不可分割的整體。

神聖的愛
不僅是
一種情操
或感情,
還是
一種智慧

330

整個世界因為神聖的愛而得以發展和前進。也正是因為愛，宇宙才得以存在。對幸福的每一次把握，對理想藍圖的每一次勾劃，都是為實現這種愛所做的努力。但現在世界上還有許多人沒有認識與理解這種愛，因為他們忙於抓住物質而對這種愛視而不見。

因此，痛苦和悲傷持續不斷，直到這個世界充滿無私的愛和寧靜、平和的智慧，人們才能夠擺脫苦難與悲傷，才能夠收穫平靜、幸福的人生。

所有樂意放棄追逐私利的自我的人，所有準備與涉及自我的一切決裂轉而謙卑的人，都能夠獲得和實現這種愛、這種智慧、這種平靜、這種寧靜的心境。

331

宇宙間根本沒有獨斷專橫的力量，而命運的鎖鏈都是人們自己鍛造的。人們之所以被苦難的鎖鏈捆綁，是因為他們自己願意如此，他們愛這個枷鎖，他們認為自我的小小的空間是美麗的。他們害怕如果他們拋棄了那個自我，他們就會喪失真實而值得擁有的一切。

332

「你們遭受你們所遭受的，沒有人能逼迫，
就像沒有人能左右你的生死一樣。」
自我鍛造了鎖鏈，它是製造黑暗和狹窄監獄
的內在力量，一旦內心有意願打破鎖鏈、拆
毀監獄，它就能做到這一點。當靈魂發現它
所住的監獄毫無價值的時候，當長期的苦難
終於促使它準備接受無限的光明與關愛的時
候，心靈確實願意那麼做。

命運的鎖鏈是人們自己鍛造的

我們所遭遇
的一切，
都有其隱藏
的或顯示的
原因，

而且那種
原因與絕對
正義相一致

333

如同影與形相隨，如同火之後就是煙，因果
不離，痛苦和幸福也跟人們的思想和行為永
不脫離。我們所遭遇的一切，都有其隱藏的
或顯示的原因，而且那種原因與絕對正義相
一致。

有些人收穫苦難，是因為他們在不久的或遙
遠的過去，已播種下罪惡的種子；有些人收穫
幸福，是由於自己播種了善良的種子。人們應
該對此予以沉思，並且努力去理解因果定律，
這麼一來，在以後的人生道路上，就會開始只
播種善良的種子，而且會將以前心靈花園裡叢
生的雜草全部燒掉。

罪惡的種子
收穫苦難
善良的種子
收穫幸福

334

世界上的芸芸眾生之所以不明白無私的愛，是因為他們只專注於追求個人享樂，局限於轉瞬即逝的利益，並且錯誤地認為那些享樂與利益是真實和持久的東西。他們深陷慾望的泥潭，為一己之利受到損害而怒火中燒，因而看不到純潔與美麗的真理。卑鄙的外殼和自欺的錯誤將他們關閉在了一切愛的大廈之外。

因為不明白無私的愛，所以人們開展了無數的變革，但卻不包括內心的改變。每個人都認為他的變革能讓世界走向正規，然而一旦革命專注於外在，他就變成了罪惡的宣揚者。

只有那些旨在淨化人的心靈的變革，才稱得上真正的變革，因為人的心靈才是所有邪惡的策源地。人們只有走出自私與異見的誤區，學好神聖的愛這一課，才能夠實現人類世界的和平與幸福。

無私的愛
只存在於
停止一切
譴責的內心

335

讓富者不再鄙視貧者，讓貧者不再譴責富者；讓貪婪的人學會給予，讓慾望無邊者學會淨化自我；讓黨派停止爭鬥，讓不依不饒者學會寬容；讓心存嫉妒者為他人的成功而真心歡呼，讓造謠中傷者為他自己的行為羞愧。讓這個世界上的男男女女都加入進來，黃金時代必將來臨。因此，那些能夠淨化自我心靈的人，才是這個世界最偉大的人。

336

儘管這個世界真正進入黃金時代還需要很長的時間，但只要人們願意擺脫追逐私利的自我，願意消除偏見、仇恨，不再動輒譴責他人，而是溫柔待人、寬以待人，那麼人們現在就夠在當下進入黃金時代。

哪兒有憎恨、厭惡和譴責，哪兒就無法容忍無私的愛。無私的愛只能存在於停止一切譴責的內心。

博愛即為
感同身受

337

你可能會說：「我怎麼能愛酒鬼、偽君子、狡詐者、凶手？我不得不厭惡和譴責這些人。」事實上，從情感上你不能愛這樣的人，但是，當你說自己不喜歡他們並且必須譴責他們時，就表明你還沒有真正理解偉大的博愛。

因為通過內在的啟示，這種狀態是可能實現的。通過感知訓練，你會對他們巨大的痛苦感同身受。有了這種了解，你就不會再因為自己不喜歡而譴責他們，你將永遠心懷完美的冷靜和深切的同情看待他們。

原本你愛著他人、用讚揚的口氣談論他人，你卻在他們做了一些你不同意的事情之後，便開始厭惡他們，甚至對他們惡意中傷，那就是你還不具備真正的愛心。如果你心裡一直都指責他人，這就意味著你並沒有培養出無私的愛。

別把自己視為他人的評判者及行刑者

338

一個人若能夠認識到愛是萬事萬物的核心，
能夠發掘愛的巨大力量，在他心中便不會再有
譴責。

不能認識到這種愛的人，把自己視為他人的評
判者及行刑者，忘記了宇宙間已存在永恆的評
判者和行刑者─規律。

339

有的人，只要別人偏離了他們的看法，他們就給別人貼上狂熱者、不平衡者、缺乏知識者等諸多標籤；有的人，處處把自己作為衡量他人的標準，把自己看成值得他人崇拜的人。

這樣的人總是以自我為中心。而心思集中在至高無上的愛的人，不會給他人貼上各種各樣的標籤，或者把他人一一歸類，既不強求他人接受自己的觀點，也不想方設法讓他人認為自己做事的方法是最高明的。

他能夠認識到愛的定律，在生活中能夠處處遵循這一定律，能夠用平靜的心情及溫和的態度包容一切。總而言之，無論品質惡劣者或道德高尚者，智者或愚者，博學者或孤陋寡聞者，無私者或自私者，都能從他平靜的思想中受到啟迪。

無論是誰，都能從平靜的思想中受到啟迪

340

你只有依靠長期的自律、不懈的努力，一次又一次地戰勝自己，才能獲取這種至高無上的知識和這種神聖的愛。當你的心被充分淨化，你就能夠重獲新生，不會消亡、不會改變、不會帶來痛苦與悲傷的愛才能夠在你心中甦醒，你才能夠生活在寧靜、安詳之中。

341

訓練你的大腦，讓它保存強大、公正及溫和的思想；訓練你的心，讓它充滿純潔無私和仁愛；訓練你的舌頭，讓它保持沉默和真實，不胡亂指責他人。這樣你將能夠走上神聖而平靜的道路，並最終實現不朽的愛。

在沒有
譴責的
內心世界，
愛才能
得到完善
和充分實現

342

致力於培養神聖之愛的人，一直都在努力克服
譴責他人的思想。因為哪兒有了純潔的精神認
知，譴責也就不存在了，只有在沒有譴責的內
心世界，愛才能得到完善和充分實現。基督教
徒譴責無神論者，無神論者諷刺基督教徒；天
主教徒與新教徒不停地從事冗長的舌戰，原本
應該由平靜與關愛佔據的心靈空間，卻充斥
著無休止的衝突和仇恨。

「仇視自己兄弟的人如同一名凶手」，持有這
種見解，就是神聖的愛的精神的踐踏者。當你
出於公正的精神，以不帶任何偏見、沒有任何
個人好惡的完美平等的態度，去對待各種各
樣的宗教信仰者及無宗教信仰者，你才能夠在
內心培養賦予人自由和救贖的愛。

343

不要強迫別人轉變信仰，你才有信服力；不與人爭執，你才能為人師；不野心勃勃，自有伯樂發現你的存在；不要去打探別人的想法，你自會征服他們的心。因為愛是無堅不摧、無所不能的，而且愛的思想、行為及語言具有永恆的生命力。

344

要知道，愛是普遍存在、至高無上、無所不能的。它能讓人脫離罪惡的束縛，擺脫內心的不安，讓人心滿意足、遠離悲傷，擁有寧靜與祥和。這就是平和、這就是喜悅、這就是不朽、這就是神聖、這就是無私的愛，得以實現。

懂得捨棄
的人，
才會得到
更多

345

愛作為完美生活的體現，是這個世界上存在的桂冠，是認知的至高目標。

衡量一個人對真理掌握的程度，就是要檢驗這個人所具有的愛心。對於生活不是被愛支配的人來說，真理早已被他們拒之門外。那些不能給予寬容又經常指責別人的人，即使他宣稱自己有最高的宗教信仰，也幾乎沒有掌握什麼真理。

而另外一些人能夠不斷地培養自己的耐心，平心靜氣地傾聽所有人的意見與建議，周到、公正地處理一切問題，而且還能帶動他人如此處理，才是真正掌握了真理。

346

對智慧的最終考驗就是：「一個人如何生活？他所顯現出來的精神狀態是什麼？他在壓力及誘惑下採取何種行動？」

生活中有許多人誇耀自己掌握了真理，卻不斷被悲傷、失望的情緒所困擾，只是遇到小小的壓力和誘惑，就經受不住考驗。這樣的人根本與真理絕緣。真理是不變的，一個真正堅持真理的人能夠固守自己的美德，不被自己的個人情緒、情感和多變的性格左右。

347

有些人制定出一些經不起時間考驗的教條，並呼籲人們把它們作為真理。真理是不能被制定的，它難以用言語形容，似乎永遠在人們的智力能達到的範圍之外。真理只能通過實踐去體驗，只能被顯現為一顆純潔的心和一種完美的人生。

在學校、宗教和黨派之中，是誰掌握了真理呢？是那些用真理指導自己的人生的人；是那些積極實踐真理的人；是那些能夠克服自私自利，擺脫喧囂嘈雜，平和寧靜地思考，平心靜氣地做事，時時克制自我的人。

真理永遠都
無法靠爭論
加以證明

348

一個人若擺脫了一切衝突、偏見、譴責，心甘
情願地奉獻出自身神聖、無私的愛，那麼他就
是當之無愧的真理的堅持者。

349

在所有情況下都能夠保持耐心、冷靜、溫柔
和寬容的人，就能夠使真理得以體現。真理
永遠都無法靠口頭上冗長的爭論和博學的論
文來加以證明。

如果一個人不能在無限的耐心中、永恆的寬恕
中、包羅萬象的同情中感覺到真理的存在，那
麼任何言辭都無法把真理證明給他看。

350

對於容易激動的人來說，當他們獨處或者當他們在一個比較安靜的公共場所時，他們能夠保持平靜及耐心。這是一件容易的事情。

同樣，當受到別人溫和以待時，那些鐵石心腸的人變得溫和、善良也是一件容易的事情，但要求他們在所有的情況下做到這一點，可就比較困難了。

351

一個人倘若在最考驗自己的關鍵時刻能夠保持平靜、溫和與耐心，那麼我們就可以說他堅持著一塵不染的真理。

這是因為這種崇高的美德是屬於聖者的，只有當你掌握了至高智慧，放棄了自己所有自私自利的品性，遵循至高無上、不可更改的定律，並讓自己與它融為一體，你才能夠具備這種美德。

我們應該勸說人們停止對真理進行徒勞且無休止的爭論，努力做到想的、說的和做的都能夠顯現出和諧、安寧、仁愛和友好。人們應該把高尚品德付諸實踐，對真理孜孜以求，從所有的錯誤與罪過中釋放自己的靈魂，擺脫一切黑暗與邪惡。

從所有的
錯誤
與罪過中，
釋放自己的
靈魂

352

名字、宗教和個性都會消失，但愛的定律卻會一直存在。如果能成為一個掌握這種定律的有關知識並且時時遵循它的人，那麼就能夠成為一位不朽者、一位不可戰勝者。

因為在努力實現這一定律的過程中，要走不少彎路，遭受許多磨難，甚至體驗死亡的痛苦。當實現了之後，人們就能走上正確的人生道路，不再遭受痛苦，個性獨立，摧毀肉體生與死的限制，意識到自己已與真理融為一體。

定律是絕對客觀的，其最高表現就是為他人服務。當淨化的心靈已經意識到真理，就會被召喚做出最後的、最偉大的、最神聖的犧牲，犧牲過後，理所應當的就是享受真理。

正是憑借這種犧牲，一個人的靈魂被神聖地解放出來，能夠樂於清貧，心甘情願地做人類的公僕。

353

只有以脫俗的謙卑來降低自我身分的人才會受到所有人的高度讚揚，在人類心靈中佔主導地位，這種謙卑不僅要犧牲自我，而且還要傳播無私的愛的精神。

聖者們能夠表現出超出常人的謙遜，消除自身那些不純潔的思想、培養美德已成為他們的一種生活。在他們的身上，永恆的、無限的愛的精神可以得到淋漓盡致的體現，他們每一個人單獨拿出來，都值得後世給予充分的崇拜。

愛的最高
表現,
就是為他
人服務

謙卑才會受
到所有人的
高度讚揚

354

所有偉大的靈魂導師已經遠離了個人的奢侈、舒適和回報，放棄了世俗的權力，言行都遵循無限的、客觀的真理。比較他們的生活和信念，將會發現同樣的簡單、同樣的自我犧牲，以及同樣的謙卑。在他們的生活中，仁愛與平和都得到踐行。他們宣揚，這個通用的永恆的原則，能實現摧毀一切邪惡的目的。那些被譽為和推崇為聖者的人也表明，他們唯一的目標就是通過在自己的思想、言語和行為中展現善良，提升全人類的思想覺悟。他們實際上充當了拯救被自我奴役的人類的模範人物。

355

誰沉溺於自我，誰就不能理解完全非主觀的善良，否認其他宗派、只認為自己比他人神聖的人，只會給人們帶來個人仇恨和理論上的爭議，同時又會全力捍衛自己特定的觀點，把與自己觀點不一致的他人統統視為異教徒。

對於他們的生活而言，無私的美好、人生的莊嚴與神聖、引導自己靈魂的主人，都是毫無意義的。真理不能被限制；不能成為任何人、任何學校或任何國家的特權。當自私被摻入時，真理也就喪失了。

通過思想拯救被奴役的自我

誰沉溺於自我，誰就不能理解完全非主觀的善良

356

聖人、賢哲和救世主具有同樣的可貴之處，那就是他們具有最為深刻的謙遜、最崇高的無私並能犧牲一切，哪怕是自己的生命；他們所做的一切都是神聖的，經得起時間的考驗。他們的心靈自始至終沒有哪怕是一個汙點。他們給予，卻從不求回報；他們做事的時候，既不會為過去遺憾，也不會只想未來，並且從不計較報酬。

357

當農民開墾和照料好土地，撒下種子時，他知道已做了所有他能做的，而現在他必須相信自然規律，耐心地等待收穫季節的到來。他的任何一個期望，都不會影響到即將獲得的結果。

即使如此，意識到真理的人因為播種了善良、純潔、關愛與平和的種子，即使沒有任何過分的期望，也不強求自己到頭來能夠得到什麼回報，他們知道有一種偉大的定律在起作用，收穫會在適當的時間到來。

358

耶穌之所以能成為耶穌，佛陀之所以能成為佛陀，每一個神聖的人之所以能成為神聖的人，正是因為這種始終如一的自我犧牲。

一旦認識到這一點，你也能通過堅持不懈的努力和充滿活力的毅力來提升自己的品質，遠大而光明的前景也將呈現在你面前。

真理就是放棄自私

359

真理並不需要整日埋頭於書本才能獲得，不需要學習就能被感知。儘管真理被各種形式的錯誤偽裝了起來，但它的美麗、簡單、清澈和透明仍然是不變的。無私的心能看見真理並沐浴在它閃亮的光芒中。一個人不必通過費力地學習複雜的理論，只需靠編織內心的純潔之錦，建築純潔無瑕的人生殿堂，就可以認識真理。

真理很簡單，它告訴你：「放棄自私」、「靠近我」（遠離所有的汙穢），「我將給予你休憩之地」。

360

一個人踏上高尚之路始於懂得控制自己的情緒。這是一種美德，也是成為賢哲的開端，而賢哲則是成為聖者的開端。世俗之人只會想方設法去滿足自己的所有慾望，根本不知道要約束慾望和控制情緒。品性高尚的人則善於控制自己的情緒。

對於能夠不斷地與自私自利戰鬥，並且努力用兼愛來取代它的人來說，無論他是否住在別墅，或者財富、影響力如何，無論他是口頭說教還是保持沉默，他都能夠成為聖賢。

361

賢哲們攻擊真理的敵人，在他們內心的堡壘中，會抑制所有自私與不純的想法。聖人根本不受情緒影響，完全拋棄了一切自私和不純潔的思想，對他們而言，善良與純潔屬於人的心靈，這就像氣味與顏色屬於花朵那樣自然，那樣天經地義。

聖人有神聖的智慧，他自己完全了解真理，而且達到了永恆的寧靜、安詳的境界。罪惡已經消失，消失在了至善的宇宙之光中。

362

對於凡夫俗子來說，只要誰開始嚮往達到更高的精神境界，並為此付出努力，他的理想就能得以實現，這將是一個光榮和鼓舞人心的場面。

在賢哲眼中，聖人只是靜靜地坐著，就克服了一切罪惡與悲傷，沒有更多的遺憾與悔恨的折磨，不為任何誘惑所動，這是同樣能讓人感動萬分的景象；在聖人眼裡更榮耀的景象中，賢哲們積極地把自己的聰明才智運用到拯救人類的行為中，心裡時常牽掛著人類的疾苦，他們的偉大之舉讓聖人也敬仰萬分。

不斷地與自私自利戰鬥，努力用兼愛來取代它

363

真正的服務是忘我地愛著所有的人，一心一意地為人類無私奉獻。白費力氣和愚蠢的人，認為只要多做就能拯救自己，總是把自己與錯誤拴在一起，總愛大聲地談論著自己、自己的努力和已做出的許多犧牲，而且處處刻意地顯示自己的重要性。這樣的人，即使蜚聲世界，他所做的一切努力最終將歸於塵土，總是與永恆真理的王國擦身而過。

真正的服務
是忘我地
愛著
所有的人

364

為了一己之利而做的一切工作，既無力又經不住時間的考驗。任何服務，無論多麼微不足道，只要在沒有自我利益、只有樂於犧牲的前提下提供，才是真正、持久的服務。任何行為，無論表面上看起來多麼輝煌，如果出於私利，那麼它便從根本上違背了服務定律，因而會像過眼雲煙一樣，毫無價值可言。

要學習一個偉大而神聖的課程，那就是絕對的無私。聖人、賢哲將所有的時間都用來完成這一課程，並指導自己的生活。世界上所有的經文都介紹了這一課程，所有偉大的老師都一再重申它。

純潔的心靈是一切宗教和哲學的開始

365

純淨的心靈是一切宗教和哲學的開始。尋求這種正義，就意味著走上了真理與和平的道路。走上這條道路的人，不久之後就會意識到脫離了生死的局限，並且意識到對於巨大、神聖的宇宙來說，不管是多麼微不足道的努力，都不會白費。

格局的力量

出　　　版／楓書坊文化出版社
地　　　址／新北市板橋區信義路163巷3號10樓
郵 政 劃 撥／19907596 楓書坊文化出版社
網　　　址／www.maplebook.com.tw
電　　　話／02-2957-6096
傳　　　真／02-2957-6435
作　　　者／詹姆斯·艾倫
翻　　　譯／于華
企 劃 編 輯／陳依萱
校　　　對／周佳薇
港 澳 經 銷／泛華發行代理有限公司
定　　　價／420元
初 版 日 期／2021年11月

國家圖書館出版品預行編目資料

格局的力量／詹姆斯·艾倫作；于華
翻譯. -- 初版. -- 新北市：楓書坊文
化出版社, 2021.11　面；　公分

ISBN 978-986-377-728-1（平裝）

1. 成功法 2. 思考

176.4　　　　　　　　110014674